La guía de oración para la Mamá ocupada

UN DIARIO DE ORACIÓN

Lisa Whelchel

Lisa Whelchel es muy conocida por su papel como «Blair» en la prolongada comedia televisiva *The Facts of Life*. Ahora es una mamá que enseña a sus hijos en el hogar, oradora, esposa de pastor y escritora de varios éxitos de librería, entre los cuales está *Corrección creativa: ideas extraordinarias para la disciplina cotidiana*. Lisa y su esposo, Steve, son los fundadores adjuntos de *MomTime Ministries*. Viven en Tejas con sus hijos Tucker, Haven y Clancy.
www.LisaWhelchel.com

Qué honor es dedicar este libro
a dos guerreros de oración:

Reverendos Curtis y Alice Cauble.

Gracias por el legado venerable que les han pasado
a Tucker, Haven y Clancy por medio de sus vidas,
oraciones e hijo, mi maravilloso esposo, Steven.

*Plantados en la casa del SEÑOR, florecen en los atrios
de nuestro Dios. Aun en su vejez, darán fruto;
siempre estarán vigorosos y lozanos.*
Salmo 92:13-14

Publicado por
Editorial Unilit
Miami, Fl. 33172
Derechos reservados

© 2006Editorial Unilit (Spanish translation)
Primera edición 2006

© 2005 por Lisa Whelchel
Originalmente publicado en inglés con el título:
Busy Mom's Guide to Prayer, The por Lisa Whelchel.
Publicado por Howard Publishing Co.,
3117 North 7th Street,
West Monroe, LA 71291-2227

Todos los derechos de publicación con excepción del idioma inglés son contratados exclusivamente por GLINT, P. O. Box 4060, Ontario, California 91761-1003, USA. (All non-English rights are contracted through: Gospel Literature International, PO Box 4060, Ontario, CA 91761-1003, USA.)

Ninguna parte de esta publicación podrá ser reproducida, procesada en algún sistema que la pueda reproducir, o transmitida en alguna forma o por algún medio electrónico, mecánico, fotocopia, cinta magnetofónica u otro excepto para breves citas en reseñas, sin el permiso previo de los editores.

Traducción: Raquel Monsalve

Las citas bíblicas se tomaron de la Santa Biblia, Versión Reina Valera 1960 © Sociedades Bíblicas Unidas; *La Santa Biblia, Nueva Versión Internacional* © 1999 por la Sociedad Bíblica Internacional; *La Biblia de las Américas* © 1986 por The Lockman Foundation; *La Biblia al Día.* © 1979 por la Sociedad Bíblica Internacional. Las citas bíblicas señaladas con TLA se tomaron de la *Biblia para todos*, © 2003. Traducción en lenguaje actual, © 2002 por las Sociedades Bíblicas Unidas.
Usadas con permiso.

Producto 495428
ISBN 0-7899-1375-5
Impreso en Colombia
Printed in Colombia

Categoría: Vida cristiana/Crecimiento espiritual/Oración
Category: Christian Living/Spiritual Growth/Prayer

Contenido

Reconocimientos x
Introducción. xii

Día 1
Alabanza: Santidad 2
Interés personal: Papel como sabia 4
Esposo: Prioridades 6
Hijos: Futuros cónyuges 8
Influencias personales: Pastor principal 10
Largo alcance: El Presidente 10

Día 2
Alabanza: Misericordia 12
Interés personal: Papel como esposa 14
Esposo: Devocionales diarios 16
Hijos: Hermanos. 18
Influencias personales: Pastor de jóvenes 20
Largo alcance: Nuestro país. 20

Día 3
Alabanza: Fidelidad 22
Interés personal: Papel como madre 24
Esposo: Papel como esposo 26
Hijos: Respeto por la autoridad. 28
Influencias personales: Maestros de la Escuela Dominical . . . 30
Largo alcance: El gobernador 30

Día 4
Alabanza: Paciencia 32
Interés personal: Matrimonio 34
Esposo: Papel como padre. 36
Hijos: Su andar con Dios 38
Influencias personales: Pastor adjunto 40
Largo alcance: Consejeros presidenciales 40

Día 5
Alabanza: Espíritu Santo 42
Interés personal: Palabras 44
Esposo: Trabajo 46
Hijos: Obediencia 48
Influencias personales: Iglesia 50
Largo alcance: Gobierno local 50

Día 6
Alabanza: Perdón 52
Interés personal: Pensamientos 54
Esposo: Finanzas 56
Hijos: Santidad 58
Influencias personales: Amistades 60
Largo alcance: Tribunal Supremo 60

Día 7
Alabanza: Amor 62
Interés personal: Vida de oración 64
Esposo: Su andar personal 66
Hijos: Pureza 68
Influencias personales: Familia extendida 70
Largo alcance: Escuelas públicas 70

Día 8
Alabanza: Calvario 72
Interés personal: Estudio bíblico 74
Esposo: Sexualidad 76
Hijos: Dominio propio 78
Influencias personales: Maestros 80
Largo alcance: Los medios 80

Día 9
Alabanza: Libertador 82
Interés personal: Confesión y arrepentimiento. 84
Esposo: Salud. 86
Hijos: Escuela 88
Influencias personales: Parientes políticos 90
Largo alcance: El ejército 90

Día 10
Alabanza: Padre celestial 92
Interés personal: Fe 94
Esposo: Humildad 96
Hijos: Corazón. 98
Influencias personales: Amigos de mis hijos. 100
Largo alcance: Cámara de Representantes y Senado 100

Día 11
Alabanza: Amigo. 102
Interés personal: Ministerio 104
Esposo: Protección 106
Hijos: Pensamientos 108
Influencias personales: Padres de los amigos de mis hijos . . . 110
Largo alcance: Enemigos 110

Día 12
Alabanza: Consejero 112
Interés personal: Mi descendencia 114
Esposo: Integridad 116
Hijos: Palabras 118
Influencias personales: Mascotas 120
Largo alcance: Misioneros. 120

Día 13
Alabanza: Sanador 122
Interés personal: Salud 124
Esposo: Lo que piensa de la vida 126
Hijos: Protección 128
Influencias personales: Jefe 130
Largo alcance: La economía 130

Día 14
Alabanza: Proveedor 132
Interés personal: Relaciones 134
Esposo: Palabras 136
Hijos: Salud 138
Influencias personales: Compañeros de trabajo 140
Largo alcance: Jerusalén 140

Día 15
Alabanza: Paz 142
Interés personal: Dieta 144
Esposo: Líder 146
Hijos: Dones y llamado 148
Influencias personales: Vecinos 150
Largo alcance: Los pobres y los indefensos 150

Día 16
Alabanza: Consolador 152
Interés personal: Ejercicio 154
Esposo: Dominio propio 156
Hijos: Arrepentimiento 158
Influencias personales: Amigos inconversos 160
Largo alcance: Crimen y terrorismo 160

Día 17
Alabanza: La sangre. 162
Interés personal: Obediencia. 164
Esposo: Sabiduría 166
Hijos: Amigos 168
Influencias personales: Amigos enfermos 170
Largo alcance: Guerreros de oración 170

Día 18
Alabanza: Poder 172
Interés personal: La voluntad de Dios 174
Esposo: Paz 176
Hijos: Diligencia 178
Influencias personales: Peticiones de oración 180
Largo alcance: Las naciones 180

Día 19
Alabanza: Esperanza 182
Interés personal: Tentación 184
Esposo: Relaciones 186
Hijos: Sabiduría 188
Influencias personales: Ministerios públicos 190
Largo alcance: Otras religiones 190

Día 20
Alabanza: Segunda Venida 192
Interés personal: Finanzas 194
Esposo: Amor 196
Hijos: Perdón 198
Influencias personales: Autores o ministros preferidos. . . . 200
Largo alcance: El Cuerpo de Cristo 200

Reconocimientos

Sin la ayuda de las siguientes personas, no hubiera podido escribir *La guía de oración para la mamá ocupada*.

La experiencia de escribir este libro fue fácil y agradable en gran medida. Todo esto fue posible con las personas genuinas y amables que trabajan en la piadosa compañía Howard Publishing. Gracias, Philis, Denny, Chrys y John. Disfruté cada minuto que trabajé con ustedes. (Y creo que tuvimos unos treinta minutos en total para dejar listo este libro, ¿no es verdad?).

En los últimos veinte años, Stormie Omartian ha desempeñado un papel fundamental en muchos momentos de transición en mi vida. Gracias, Stormie, por aconsejar a una joven tímida, una esposa asustada, una madre abrumada y una amiga necesitada del poder de la oración.

No me parece lógico el porqué me siento conectada de forma emocional a amigas que ni siquiera he conocido en persona. Sin embargo, ¡me encanta! Gracias, amigas de Internet, por unirse a mí los lunes por la mañana en mi sitio Web para hablar a la hora del café. Me han alentado más veces de las que puedo enumerar.

Todavía me siento como «salsa desabrida» (para usar la jerga de mi hijo) cuando se trata de orar. He llegado a depender por completo de la inspiración del Espíritu Santo en los corazones de otras personas. Gracias, guerreras de oración, por haber respondido cuando Dios ha tocado sus corazones debido a que necesitaba ayuda sobrenatural.

¿Mencioné lo mucho que me gusta el programa para computadoras llamado *Logos Bible Software*? No puedo siquiera imaginar el tiempo que me hubiera llevado encontrar casi doscientos versículos

Reconocimientos

bíblicos sin este fantástico programa. Y he disfrutado mucho buscando los tesoros escondidos dentro de la Palabra de Dios. Gracias, Scott Lindsey y Libronix, por proveerme más de seiscientos recursos bíblicos al clic de mi ratón.

Gracias, Ron, por hacerlo divertido. ¡Fuiste el hombre que dirigió este esfuerzo!

No puedo dejar pasar una oportunidad para mencionar a mi guapísimo esposo y a mis adorables hijos. Gracias, Steve, Tucker, Haven y Clancy, por darme tantas cosas por las cuales orar... me mantienen cerca de mi dulce Jesús. ¡Los amo, los amo, los amo!

Introducción

El deseo de mi corazón es ser una mujer de oración, pero muy a menudo me siento una fracasada en cuanto a orar. Como madre ocupada, a veces todo lo que puedo hacer es clamar a Dios al amanecer con un apresurado: «¡Ayúdame!», antes que mi hijo se levante y mis hijas comiencen a clamar a mí con la misma súplica.

Si pierdo ese breve devocional en la mañana, siento de inmediato la realidad de esa falta, pues me doy cuenta de que hay muy poca oportunidad de paz y quietud hasta que todos se acuesten en la noche. (Eso es, por supuesto, después que he llevado el segundo vaso de agua y he dado el tercer beso de buenas noches). Para esa hora, estoy tan extenuada que apenas puedo susurrar: «Lo siento, Señor, te prometo que mañana lo haré mejor».

Con sincera determinación comienzo el siguiente día de rodillas orando por mi familia solo para darme cuenta de que la mente divaga pensando de pronto en cosas como estas: «Ah no, solo tenemos las cortezas del pan para hacer los sándwiches del almuerzo». «¿Cancelaron la práctica de béisbol hoy?» «Tengo que acordarme de escribir una nota para la cita de esta tarde con el ortodoncista». «Ay, lo siento, Señor, ¿dónde estábamos?»

Mis oraciones se interrumpen de nuevo, pero esta vez por una voz audible que dice: «Mamá, no encuentro mis tareas de ciencia. ¿Dónde las pusiste?». *¿Dónde las puse? Tu responsabilidad es cuidar tus cosas...* ¡Y partimos! Otra carrera contra reloj con solo segundos para algunas «oraciones relámpago» lanzadas al Señor a través de otro día ocupado en la vida de una mamá.

Introducción

Una madre ocupada...
Un Padre que entiende

Creo de verdad que Dios entiende esta época única en la vida de una madre. Por fortuna, nuestro Padre celestial mira el corazón de las madres con compasión y comprensión. No mira hacia abajo, sacudiendo la cabeza con un «Ay, creo que voy a tener que darle un día terrible porque no cumplió con el tiempo de oración requerido según registró en su diario».

Recordar el carácter misericordioso de Dios me ha consolado muchas veces cuando el enemigo trata de acosarme con sentimientos de culpa porque no era la guerrera de oración que quería ser. A mi entender, era un «General» en el ejército del Señor. No porque hubiera ganado el rango más alto que puede obtener un soldado, sino porque parecía que todo lo que podía hacer era encontrar tiempo suficiente para oraciones generales. «Señor, bendice a mi esposo hoy. Ayuda a mis hijos en la escuela. Por favor, provee el dinero que necesitamos para pagar todas nuestras cuentas. Y ayúdame a ser la esposa y madre que quieres que sea. En el nombre de Jesús, amén».

Dios escucha esas oraciones, ¡y las contesta! Sin embargo, estaba desesperada, pues quería más. Anhelaba tener tiempo para orar por detalles como el andar personal de mi esposo con el Señor, y su relación con sus compañeros de trabajo. Quería saturar a mis hijos en oración por su futuro y por los asuntos del corazón. Me sentía culpable por no orar por mi pastor y por el presidente. Y cuando les decía a mis amigos: «Voy a orar por ustedes», eso es lo que quería hacer en realidad.

Siempre tenía las mejores intenciones de orar por todas esas cosas. Con todo, es probable que escucharas el desagradable adagio: «El camino al infierno está pavimentado de buenas intenciones». Decidí que no me gustaba ese dicho (aunque contiene un poco de verdad), así que confeccioné mi propia carpeta de oración y la titulé *El camino al cielo está orado con buenas intenciones*.

Cómo cubro mi mundo

En hojas sueltas de papel, escribí todas las cosas y las personas por las que quería orar. Eran cerca de unos trescientos motivos de oración, y los organicé en diez categorías. Si oraba por una cosa de cada una de las categorías todos los días, podía abarcar las trescientas necesidades de oración en un mes. Me parecía que era una auténtica guerrera de oración.

Me sentía muy bien sabiendo que una vez al mes podía orar por la salud de mi esposo, por la pureza de mis hijos, por las luchas propias en cuanto a seguir un régimen alimenticio, por mis amigos, parientes y hasta por la ciudad de Jerusalén. Todo lo que necesitaba eran diez minutos al día, y podía orar por el mundo, y en forma más específica, por mi mundo. Hasta hubo días en que me entusiasmaba y me daba cuenta que había estado orando durante treinta minutos sin mirar el reloj y sin terciar en una discusión entre hermanos.

Este sistema de oración transformó tanto mi vida que tenía muchos deseos de contárselo a mis amigas de Internet a través de mi sitio Web. En el transcurso de los siguientes días y meses recibí toneladas de fantásticos correos electrónicos de mamás de todas partes que estaban usando este método. Hablaban del gozo y la paz

Introducción

que experimentaban, sabiendo que sus vidas, aunque eran muy ocupadas, estaban envueltas en oración.

Minutos milagrosos

La guía de oración para la mamá ocupada es el resultado de mi deseo de crear un producto que las mamás pudieran tomar y adoptar enseguida para disfrutar de una vida de oración plena y satisfactoria. Todo lo que necesitas es unos pocos minutos al día, cinco días a la semana y... ¡sale la culpa y entra el poder! Este libro es una adaptación de mi versión de fabricación casera para que sea lo bastante versátil de modo que se ajuste a *tus* necesidades de oración.

Verás que el libro tiene veinte días de oración. Tú puedes usar estos días en cualquier momento que te resulte más conveniente, pero la idea es que hay pautas de oración para cinco días durante un mes. Entonces, después que termines el primer mes, puedes hacer lo que yo hago con mi guía de oración y comienzo de nuevo. Las oraciones que se bosquejan en este libro deben llevarse a Dios una y otra vez.

Cada día tiene seis categorías de oración. Cada categoría comienza con un *pasaje bíblico de inspiración* y una sección para *orar la Palabra*. He descubierto que me resulta mucho más fácil orar con fe cuando puedo fundar mis peticiones en las promesas de Dios. Existe una incalculable dimensión de unción que viene cuando alineamos nuestras palabras a la Palabra de Dios.

La sección *oración clave* se puede interpretar de dos maneras. Si solo puedes dedicar unos minutos mientras estás en tu automóvil en la fila a la espera de que salgan los niños de la escuela, repite enseguida las oraciones sugeridas y descansa en la confianza de que oraste por tus preocupaciones. Por otro lado, si quieres orar más por una petición en particular, solo usa la oración propuesta como un trampolín para impulsarte a una conversación más profunda con el Señor.

Escogí seis de las categorías más solicitadas por las mamás. Estas son: *Alabanza, Interés personal, Esposo, Hijos, Influencias personales* y *Largo alcance*. Comenzado con el día 1, separé cada una de estas categorías en veinte *enfoques de la oración*, uno para cada día.

Por ejemplo, el primer día, en la categoría *Alabanza*, comenzarás alabando al Señor por su santidad. Entonces, en la categoría *Interés personal*, orarás por sabiduría; prioridades piadosas en la categoría *Esposo*; futuros cónyuges en la categoría *Hijos*; las necesidades personales de tu pastor en la categoría *Influencias personales*; y, por último, concluirás orando por el presidente de tu país en la categoría *Largo alcance*.

Hablemos sobre estas categorías

En las dos páginas siguientes, te hablaré de la pasión que me impulsó a escoger cada una de estas seis categorías. Me encanta comenzar con *Alabanza*, porque me ayuda a poner en perspectiva mis peticiones de oración. Cuando alabo el polifacético y brillante resplandor del carácter de Dios, mis preocupaciones se vuelven, al mismo tiempo, significativas y triviales. El Dios del universo me ama lo suficiente como para pedirme que lleve ante Él mis mayores preocupaciones a fin de que se empequeñezcan en su presencia.

La mayoría de las mamás ponen las necesidades de los demás antes de las suyas y con todo, cuando se trata de la oración, es crítico que nos pongamos a nosotras en primer lugar, de ahí la categoría

Introducción

Interés personal. Dar es parte de la misma naturaleza de una madre (tal vez el fundamento), pero debemos recordar que no podemos dar lo que no hemos recibido. Esto no es egoísmo; es la realidad. Nuestra relación con Dios influye en todas las otras relaciones de nuestra vida. Esta es nuestra oportunidad de profundizar con el Señor como nunca antes, de conocerlo de manera íntima. Seamos bien sinceras, quitémonos cualquier máscara y pidámosle al Médico por excelencia que nos haga un tratamiento completo a fin de que seamos más semejantes a Jesús.

En 1 Pedro 3:1 se nos dice: «Asimismo vosotras, mujeres, estad sujetas a vuestros maridos, para que también los que no creen a la palabra, sean ganados sin palabra por la conducta de sus esposas» (RV-60). A decir verdad, este versículo me resulta muy difícil, no la parte sobre la sumisión, sino la frase *sin palabra*. Tengo mucho que decirle a mi esposo (y decir acerca de él) si solo me escuchara. Por fortuna, Dios escucha, no lo que digo, sino lo que oro por mi *Esposo*. Qué regalo le podemos dar al hombre que amamos cuando confiamos en Dios para que lo toque desde el corazón hacia fuera, en lugar de tratar de cambiarlo aplicando presiones desde fuera hacia dentro.

¿Hay alguna oración que esté con más prontitud en nuestros labios que esa por nuestros *Hijos*? Creo que a veces las madres controladoras tienen mala fama. Después de todo, es el resultado de que nos preocupamos mucho. Cuando nuestros hijos son pequeños, nos preocupamos por protegerlos de otros. Cuando llegan a la adolescencia, nos preocupamos por protegerlos de ellos mismos. De cualquier manera, descubrimos enseguida que no podemos controlar todo lo que les sucede a nuestros hijos. Sin embargo, eso no quiere decir que no hagamos todo lo que esté a nuestro alcance a través de la oración. La oración por nuestros hijos es una acción de equilibrio constante entre entregárselos al Señor y apoderarse de lo mejor para ellos en el Espíritu. Creo que podemos hacer eso, ¿no lo crees así, mamá?

Tal vez te sorprendas de cuántas *Influencias personales* tocan tu vida en un día determinado. Piensa en la gente que influye en tu vida: maestros, pastores, compañeros de trabajo. Ahora piensa en las vidas en las que influyes: vecinos, amigos, conocidos que no son salvos. No solo tenemos la oportunidad de alcanzar con el amor de Jesús a los que nos rodean, sino que también les dejamos una marca eterna al invitar el toque de Dios en sus vidas a través de la oración.

En realidad, hablar con Dios es extraordinario cuando comenzamos a tener un *Largo alcance* para incluir a todo el mundo que está fuera de nuestra influencia inmediata. ¿Te puedes imaginar que se te ha dado el poder en tus propias manos de oración capaz de cambiar el mundo? Esto tiende a hacer que los cinco minutos de sueño que podrías disfrutar se hagan menos esenciales, ¿no es verdad? ¿En qué pensaba Dios cuando nos otorgó tal poder? Tal vez fuera: «Si mi pueblo, que lleva mi nombre, se humilla y ora, y me busca y abandona su mala conducta, yo lo escucharé desde el cielo, perdonaré su pecado y restauraré su tierra» (2 Crónicas 7:14).

Llena los espacios en blanco

Escogí las primeras seis categorías por ti, pero recuerda, este diario es tu viaje personal. Hemos dejamos muchas líneas en blanco para tus oraciones. Usa estos espacios de la forma en que te sientas guiada a hacerlo. Tal vez quieras expandir y detallar las categorías presentadas

Introducción

o agregar nuevas categorías propias. O es posible que quieras dejarlas sin llenar para agregar peticiones de oración que te llegan a lo largo del camino. Muchas de ustedes tendrán necesidades de oración particulares que pueden incluir, pues están muy cerca de su corazón.

En mi diario personal de oración, he agregado enfoques de oración por compañeros de trabajo, por aspectos específicos de mi ministerio y toda una categoría para orar por cada uno de mis parientes. Me encanta la idea de mi amiga Philis de entrevistar a sus parientes. Cuando diseñó su diario de oración, llamó a su madre, a su padre, a sus hermanos, hermanas, sobrinas, sobrinos y parientes políticos para preguntarles cómo podría orar por cada uno de ellos de forma específica.

Sin importar la forma en que alguien se sienta en cuanto a Dios, es muy raro que una persona no quiera aprovechar la oportunidad de que alguien ore por ella. Aprovecha esta puerta abierta a los corazones de dichas personas y lleva sus necesidades y deseos a tu Padre celestial en oración por ellos. Tal vez cuando Él abra esas puertas y conteste estas oraciones, lo invitarán a que entre a sus vidas.

Una lista de listas de oración

Confío en que serás capaz de sugerir muchísimas maneras de personalizar este diario de oración. Para lograr sacarle el jugo a tu creatividad, aquí tienes solo unas cuantas categorías adicionales y enfoques de oración.

- **Tu iglesia**: los pastores, el fondo para construcción, los ancianos, el coro, los jóvenes, los programas, la unidad, etc.

- **Los miembros de grupos pequeños:** las mamás de niños preescolares, los estudios bíblicos, los grupos en hogares, etc.
- **Los ministerios grandes:** Enfoque a la Familia, los centros que ayudan a las mujeres embarazadas, etc.
- **Las iglesias en la ciudad:** todas las denominaciones en tu comunidad
- **Vecinos:** cada familia (por nombre) en tu cuadra o edificio
- **Las personas que te sirven:** la cajera del supermercado, el encargado de la tintorería, la peluquera, el cartero, etc.
- **Las personas que influyen en tus hijos:** maestros, entrenadores, los bravucones, obreros de los jóvenes, etc.
- **Tu agenda:** por este día el mes próximo, para derribar las montañas antes de ese tiempo, etc.
- **Acontecimientos actuales:** por los titulares de las noticias, catástrofes del clima, víctimas, crímenes no resueltos, etc.

Lista de peticiones de oración

- **Enfermos:** los débiles, los hospitalizados, las familias de los fallecidos y los confinados, etc.
- **Ministros prominentes:** el Dr. Dobson, Billy Graham, James Robison, Jack Hayford, etc.
- **Personas de influencia personal:** Beth Moore, Stormie Omartian, Francine Rivers, Elisabeth Elliot, etc.
- **Los amigos de tus hijos y sus padres**
- **Tus compañeros de trabajo y los de tu esposo**
- **Amigos inconversos**

- **Famosos, atletas y personalidades**: cualquiera que Dios ponga en tu corazón
- **Asuntos políticos**
- **Nietos**
- **Familias mixtas**: ex esposas, ex esposos, hijastros, padrastros, etc.

Por los ministerios en que participas

- **Necesitados**: los pobres, los perseguidos, los obreros, los indefensos, los encarcelados, las víctimas de crímenes, etc.
- **Misioneros**
- **Naciones de «la ventana 10/40»**
- **Los enfermos**: de Alzheimer, cáncer, en coma, de diabetes, de esclerosis múltiple, de enfermedades del corazón, etc.
- **Otras religiones**: los musulmanes, los cienciólogos, los ateos, los de la Nueva Era, etc.
- **Escuela**: los directores, los maestros, la Asociación de Padres y Maestros, la junta escolar, etc.
- **Asuntos relacionados a la enseñanza en el hogar**: elecciones de currículo, actividades extracurriculares, ¡la maestra!, etc.

De rodillas... Prepárate... Ora

«Correrán, y no se cansarán». Ahora bien, aquí tienes una promesa a la que cada madre necesita aferrarse con toda su fuerza. ¿Cuál es el secreto para evitar que una madre se agote por completo? Se encuentra en la primera parte de ese versículo en particular de

Isaías 40:31: «Los que esperan a Jehová tendrán nuevas fuerzas» (RV-60).

Ahora que tienes este libro en tus manos, creo que te será más fácil encontrar tiempos de renovación en tu día para esperar en el Señor y para echar tus cargas en Él. No porque haya algo especial de forma particular en este diario de oración, sino porque a veces todo lo que se necesita para ir un poco más profundo es el recurso apropiado. Además, sé que en tu corazón quieres ser una mujer de oración. Y cuando tu corazón se encuentre en el lugar adecuado, es inevitable que le siga el *descanso*.

Puse «descanso» en cursivas porque Hebreos 10:41 nos dice: «Porque el que entra en el reposo de Dios descansa también de sus obras, así como Dios descansó de las suyas». No tenemos que preocuparnos cuando confiamos en que Dios está trabajando por nosotras en respuesta a nuestras oraciones. Como mamás, podemos correr todo el día, caer en la cama extenuadas y todavía experimentar la paz que sobrepasa todo entendimiento. ¿Dónde escuché esa frase antes?

Ah, sí, en Filipenses 4:6-7: «No se inquieten por nada; más bien, en toda ocasión, con oración y ruego, presenten sus peticiones a Dios y denle gracias. Y la paz de Dios, que sobrepasa todo entendimiento, cuidará sus corazones y sus pensamientos en Cristo Jesús».

Escucha, mamá, esa es otra buena promesa a la cual aferrarte. Oremos.

Día 1

Alabanza

Enfoque de la oración: Santidad

Pasaje bíblico de inspiración
Nadie es santo como el SEÑOR; no hay roca como nuestro Dios. ¡No hay nadie como él! (1 Samuel 2:2)

Oración con la Palabra
Dios santo, no hay nadie tan maravilloso y perfecto como tú; eres el Dios único, y no hay nadie que pueda acercarse siquiera a ti.

Oración clave
Gracias por el privilegio de unirnos a las voces del cielo y clamar: «Santo, santo, santo, Dios Todopoderoso, que eras, que eres y que has de venir». Eres digno de mi devoción total porque eres perfecto en bondad y justicia.

Enfoque de la oración _____

📖 Pasaje bíblico de inspiración

_____
_____
_____
_____

🌀 Oración con la Palabra

_____
_____
_____
_____
_____

❀ Oración clave

_____
_____
_____
_____
_____
_____
_____
_____
_____
_____

Día 1

Interés personal

☕ **Enfoque de la oración:** Sabiduría

📖 **Pasaje bíblico de inspiración**

Si a alguno de ustedes le falta sabiduría, pídasela a Dios, y él se la dará, pues Dios da a todos generosamente sin menospreciar a nadie. (Santiago 1:5)

🌀 **Oración con la Palabra**

Dios, necesito sabiduría y la necesito en gran cantidad. Sé que tú no piensas mal de mí cuando admito que no sé lo que debo hacer. En realidad, estás esperando que te pida sabiduría para poder darme toda la que necesito.

🌸 **Oración clave**

Algunas veces no sé lo que debo hacer. No quiero confiar en mi habilidad limitada para discernir lo que es mejor. Con humildad me someto a tu voluntad y te pido que me des tu sabiduría. Ayúdame a tomar decisiones que estén de acuerdo con tu voluntad.

Enfoque de la oración _____

Pasaje bíblico de inspiración

_____
_____
_____

Oración con la Palabra

_____
_____
_____
_____
_____

Oración clave

_____
_____
_____
_____
_____
_____
_____
_____
_____

Día 1

Esposo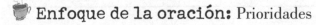

Enfoque de la oración: Prioridades

Pasaje bíblico de inspiración
Más bien, busquen primeramente el reino de Dios y su justicia, y todas estas cosas les serán añadidas. (Mateo 6:33)

Oración con la Palabra
Querido Señor, recuérdale a mi esposo que no se preocupe por las cosas de este mundo, sino que mantenga su enfoque en conocerte a ti y obedecerte, confiando en que tú proveerás todo lo que necesitamos.

Oración clave
Dale a mi esposo una perspectiva eterna. Abre sus ojos para que vea que la única cosa que podemos llevar con nosotros al cielo es a las personas. Aliéntalo para que invierta en nuestro matrimonio y en nuestra familia, y revélale los dividendos intangibles que se recogerán. Recuérdale que tú eres nuestro supremo Proveedor y que proveerás para nuestras necesidades. Sobre todo, dale hambre y sed para pasar más tiempo contigo todos los días.

Enfoque de la oración _____

Pasaje bíblico de inspiración

_____
_____
_____

Oración con la Palabra

_____
_____
_____
_____
_____

Oración clave

_____
_____
_____
_____
_____
_____
_____
_____

Día 1

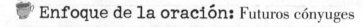
Hijos

☕ Enfoque de la oración: Futuros cónyuges

📖 Pasaje bíblico de inspiración
Quien halla esposa halla la felicidad: muestras de su favor le ha dado el SEÑOR. (Proverbios 18:22)

☯ Oración con la Palabra
Querido Señor, te pido que muestres tu favor en mis hijos y que los ayudes a encontrar los cónyuges que escogiste para ellos.

🌸 Oración clave
Padre celestial, levanto ante ti a los futuros cónyuges de mis hijos y te pido que los guardes, los protejas, los libres del maligno y de toda impureza. Te pido por sus padres y te ruego que fortalezcas su matrimonio a fin de que sus hijos se críen en un hogar fuerte y piadoso. Enséñales y moldéalos por tu Espíritu Santo, y ayúdalos a mantenerse en tus caminos de modo que puedan encontrar el destino que les preparaste para su futuro.

Enfoque de la oración _____

Pasaje bíblico de inspiración

_____
_____
_____

Oración con la Palabra

_____
_____
_____
_____
_____

Oración clave

_____
_____
_____
_____
_____
_____
_____
_____

Día 1
Influencias personales

Enfoque de la oración: Pastor principal

Pasaje bíblico de inspiración
Cuiden como pastores el rebaño de Dios que está a su cargo, no por obligación ni por ambición de dinero, sino con afán de servir, como Dios quiere. (1 Pedro 5:2)

Oración con la Palabra
Jesús, tú eres el Pastor en Jefe, y te pido que guíes a mi pastor que a su vez guía a nuestra iglesia. Dale un entusiasmo y ánimo renovados para el trabajo a que le llamaste a hacer.

Oración clave
Gracias, Señor, por mi pastor. Por favor, bendice su hogar, su matrimonio y su familia. Dale tiempos de refrigerio contigo para que sus palabras fluyan de los tiempos de poder pasados en tu Palabra.

Largo alcance

Enfoque de la oración: El Presidente

Pasaje bíblico de inspiración
En las manos del SEÑOR el corazón del rey es como un río: sigue el curso que el SEÑOR le ha trazado. (Proverbios 21:1)

Oración con la Palabra
Querido Señor, toma el corazón del líder de nuestro país en tu mano. Dirige sus pensamientos, sus sentimientos y sus decisiones.

Oración clave
Gracias por nuestro presidente. Protégelo y llénalo de sabiduría y de dirección sobrenaturales. Enséñale a caminar en humildad y a buscarte a ti para dirección y sabiduría.

Enfoque de la oración _____

📖 Pasaje bíblico de inspiración
_____
_____

Oración con la Palabra
_____
_____

Oración clave
_____
_____
_____

Enfoque de la oración _____

📖 Pasaje bíblico de inspiración
_____
_____

Oración con la Palabra
_____
_____

Oración clave
_____
_____
_____

Día 2

Alabanza

 Enfoque de la oración: Misericordia

 Pasaje bíblico de inspiración
Alabado sea el Dios y Padre de nuestro Señor Jesucristo, Padre misericordioso y Dios de toda consolación. (2 Corintios 1:3)

Oración con la Palabra
Dios y Padre de nuestro Señor Jesucristo, tú eres digno de adoración. Tú nos consuelas porque nos reconciliaste por medio de tu Hijo.

 Oración clave
Estoy muy agradecida por tu misericordia. En mi pecado, soy merecedora de tu juicio, pero tú no solo me redimiste por la sangre de Jesús, sino que me has rodeado con tus brazos y me has acercado a tu corazón. Debido a tu misericordia, puedo llegar ante tu trono de gracia con valentía.

☕ Enfoque de la oración _____

📖 Pasaje bíblico de inspiración

_____
_____
_____

🌀 Oración con la Palabra

_____
_____
_____
_____
_____

❀ Oración clave

_____
_____
_____
_____
_____
_____
_____
_____

Día 2

Interés personal

☕ **Enfoque de la oración:** Papel como esposa

📖 **Pasaje bíblico de inspiración**
Así como la iglesia se somete a Cristo, también las esposas deben someterse a sus esposos en todo [...] y que la esposa respete a su esposo. (Efesios 5:24, 33)

Oración con la Palabra
Querido Jesús, me someto a ti como mi autoridad. Ayúdame a reconocer a mi esposo como la cabeza de nuestra familia y a aceptar su liderazgo. Ayúdame a mostrarle a mi esposo el respeto que merece su posición en nuestro hogar.

Oración clave
Entiendo que mi respeto le ministra a mi esposo más de lo que lo hace mi amor por él. Muéstrame cómo puedo edificarlo y pon un freno en mi boca cuando siento la tentación de denigrarlo. Ama a mi esposo por medio de mí, y enséñame a disfrutar encontrando formas de servirlo durante el día (y la noche).

Enfoque de la oración _____

Pasaje bíblico de inspiración

_____
_____
_____
_____

Oración con la Palabra

_____
_____
_____
_____
_____
_____

Oración clave

_____
_____
_____
_____
_____
_____
_____
_____
_____

Día 2

Esposo

Enfoque de la oración: Devocionales diarios

Pasaje bíblico de inspiración
¿Cómo puede el joven llevar una vida íntegra? Viviendo conforme a tu palabra. Yo te busco con todo el corazón; no dejes que me desvíe de tus mandamientos. (Salmo 119:9-10)

Oración con la Palabra
Pon un profundo anhelo en el corazón de mi esposo para que te busque. Ayúdale a aferrarse a tus mandamientos y a obedecerlos, porque esa es la manera en que permanecerá seguro y sin pecado.

Oración clave
Pon más cerca a mi esposo de ti. Dale hambre y sed de pasar tiempo contigo cada día. Que espere con ansias su hora señalada de estar contigo a fin de abrirte su corazón, liberarse de sus cargas y comunicarse contigo en oración. Ábrele las Escrituras con una revelación tan nueva que tenga muchos deseos de escuchar lo que quieres decirle todos los días.

Enfoque de la oración

Pasaje bíblico de inspiración

_____
_____
_____
_____

Oración con la Palabra

_____
_____
_____
_____
_____
_____

Oración clave

_____
_____
_____
_____
_____
_____
_____
_____
_____

Día 2

Hijos

Enfoque de la oración: Hermanos

Pasaje bíblico de inspiración
En fin, vivan en armonía los unos con los otros; compartan penas y alegrías, practiquen el amor fraternal, sean compasivos y humildes. No devuelvan mal por mal ni insulto por insulto; más bien, bendigan, porque para esto fueron llamados, para heredar una bendición. (1 Pedro 3:8-9)

Oración con la Palabra
Padre, te ruego que bendigas nuestro hogar. Te pido unidad, amor sincero de los unos por los otros, agradecimiento por el privilegio de tener hijos, por su amabilidad y sensibilidad. Te pido que les concedas a mis hijos dominio propio a fin de que no respondan en venganza ni que le agreguen insulto a una herida, sino que en su lugar venzan el mal con el bien.

Oración clave
Señor, concédele paz a esta familia. Que la dulzura del Espíritu Santo penetre en cada centímetro de nuestro hogar. Capacita a mis hijos para que se alienten y se aprecien los unos a los otros, y que sean prestos para perdonar y ser misericordiosos. Ayúdalos a ser lentos para hablar, lentos para enojarse y a que estén dispuestos a escuchar. Que mis hijos sean los mejores amigos los unos de los otros.

Enfoque de la oración _____

Pasaje bíblico de inspiración

_____
_____
_____
_____

Oración con la Palabra

_____
_____
_____
_____
_____
_____

Oración clave

_____
_____
_____
_____
_____
_____
_____
_____
_____
_____

Día 2

Influencias personales

Enfoque de la oración: Pastor de jóvenes

Pasaje bíblico de inspiración

Cuando yo era niño, hablaba como niño, pensaba como niño, razonaba como niño; cuando llegué a ser adulto, dejé atrás las cosas de niño. (1 Corintios 13:11)

Oración con la Palabra

Guía al pastor de jóvenes a medida que él guía a nuestros hijos hasta que lleguen a ser adultos. Muéstrale la forma de enseñarles a nuestros hijos a dejar atrás las cosas de niños y a adoptar las responsabilidades y los privilegios de ser adulto.

Oración clave

Fortalece la relación personal de nuestro pastor de jóvenes contigo de modo que él pueda ser modelo del verdadero discipulado a su joven rebaño.

Largo alcance

Enfoque de la oración: Nuestro país

Pasaje bíblico de inspiración

Si mi pueblo, que lleva mi nombre, se humilla y ora, y me busca y abandona su mala conducta, yo lo escucharé desde el cielo, perdonaré su pecado y restauraré su tierra. (2 Crónicas 7:14)

Oración con la Palabra

Con humildad nos arrodillamos delante de ti con corazones arrepentidos y te pedimos que perdones nuestros pecados y restaures nuestra nación.

Oración clave

Gracias por el favor que nos has concedido. Guíanos por tu mano derecha. Dios, bendice a nuestro país.

Enfoque de la oración _____

Pasaje bíblico de inspiración
_____
_____

Oración con la Palabra
_____
_____

Oración clave
_____
_____
_____

Enfoque de la oración _____

Pasaje bíblico de inspiración
_____
_____

Oración con la Palabra
_____
_____

Oración clave
_____
_____
_____

Día 3

Alabanza

Enfoque de la oración: Fidelidad

Pasaje bíblico de inspiración
Oh SEÑOR, por siempre cantaré la grandeza de tu amor; por todas las generaciones proclamará mi boca tu fidelidad. (Salmo 89:1)

Oración con la Palabra
Cantaré la grandeza de tu amor por siempre, Señor, y en persona les diré a todos sobre tu fidelidad para conmigo.

Oración clave
Aun cuando no tengo fe, tú todavía eres fiel. Tu amor y tu fidelidad no cambian nunca. Jamás me defraudaste en el pasado, y sé que puedo confiar en ti para el futuro. Descansaré en ti y en tu carácter.

Enfoque de la oración

Pasaje bíblico de inspiración

Oración con la Palabra

Oración clave

Día 3

Interés personal

☕ **Enfoque de la oración:** Papel como madre

📖 **Pasaje bíblico de inspiración**
Incúlcaselas [las palabras que te mando] continuamente a tus hijos. Háblales de ellas cuando estés en tu casa y cuando vayas por el camino, cuando te acuestes y cuando te levantes.
(Deuteronomio 6:7)

Oración con la Palabra
Querido Padre celestial, escribe tu Palabra en mi corazón para que tu sabiduría fluya de mi boca durante todo el día, a fin de poder enseñarles tus caminos a mis hijos.

Oración clave
Gracias por el privilegio de ser madre y por los preciosos regalos que me has confiado. Permíteme comenzar dándotelos de nuevo a ti; están más seguros en tus manos fuertes y amorosas. Úngeme para enseñar, amar y preparar a mis hijos más allá de mis capacidades humanas. Hazme la madre que me creaste en forma especial para que sea para estos niños especiales.

Enfoque de la oración _____

Pasaje bíblico de inspiración

_____
_____
_____
_____

Oración con la Palabra

_____
_____
_____
_____
_____
_____

Oración clave

_____
_____
_____
_____
_____
_____
_____
_____
_____
_____

Día 3

Esposo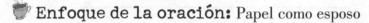

☕ Enfoque de la oración: Papel como esposo

📖 Pasaje bíblico de inspiración
Esposos, amen a sus esposas, así como Cristo amó a la iglesia y se entregó por ella. (Efesios 5:25)

☉ Oración con la Palabra
Jesús, llena el corazón de mi esposo con tu amor hacia mí, y muéstrale cómo amarme con la misma clase de amor sacrificial que tienes por él.

✿ Oración clave
Sé que mi esposo me ama y que desea servirme y hacerme feliz. Gracias por eso. Haz que sea la clase de esposo que anhela ser y que yo necesito. Ayúdame a recordar que lo aliente cuando me demuestre su amor, ya sea en palabras o en acciones. Enséñale la manera de cuidarme con tanta atención como me puede mostrar.

☕ Enfoque de la oración _____

📖 Pasaje bíblico de inspiración

_____
_____
_____
_____

🌀 Oración con la Palabra

_____
_____
_____
_____
_____
_____

🌸 Oración clave

_____
_____
_____
_____
_____
_____
_____
_____
_____

Día 3

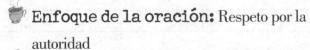

Enfoque de la oración: Respeto por la autoridad

Pasaje bíblico de inspiración
El temor del SEÑOR es el principio del conocimiento; los necios desprecian la sabiduría y la disciplina. (Proverbios 1:7)

Oración con la Palabra
Señor, concédeles a mis hijos un respeto sano por tu autoridad. Enséñales a amar el conocimiento, buscar la sabiduría y obedecer las instrucciones.

Oración clave
Inculca en mis hijos el conocimiento sano de la bendición de la autoridad. Que mis hijos disfruten de la seguridad y la protección que viene de someterse a los que están sobre ellos. Dales un espíritu enseñable que esté dispuesto a aprender de la sabiduría de otros. Enséñales a honrarte a ti, a sus padres, a los que están en posición de autoridad sobre ellos y a los ancianos.

☕ Enfoque de la oración _____

📖 Pasaje bíblico de inspiración

_____
_____
_____
_____

🌀 Oración con la Palabra

_____
_____
_____
_____
_____
_____

🌸 Oración clave

_____
_____
_____
_____
_____
_____
_____
_____
_____

Día 3

Influencias personales

Enfoque de la oración: Maestros de la Escuela Dominical

Pasaje bíblico de inspiración

Lo que me has oído decir en presencia de muchos testigos, encomiéndalo a creyentes dignos de confianza, que a su vez estén capacitados para enseñar a otros. (2 Timoteo 2:2)

Oración con la Palabra

Continúa hablándoles a nuestros maestros de la Escuela Dominical para que con fidelidad les enseñen a otros lo que aprenden de ti.

Oración clave

Levanta maestros de la Escuela Dominical que tengan el llamado a enseñar y a discipular a los adultos, y a amar y a preparar a los niños. A medida que dan de sí mismos, llénalos con tu gozo y con nuestra gratitud.

Largo alcance

Enfoque de la oración: El gobernador

Pasaje bíblico de inspiración

Todos deben someterse a las autoridades públicas, pues no hay autoridad que Dios no haya dispuesto. (Romanos 13:1)

Oración con la Palabra

Ayúdame a someterme a la persona que ocupa el cargo de gobernador de nuestro estado, porque sé que la autoridad de gobernar viene de ti.

Oración clave

Unge a nuestro gobernador para el trabajo a que le llamaste a hacer. Concédele sabiduría, y dale tu visión para nuestro estado y el valor para verla convertida en realidad.

☕ Enfoque de la oración _____

📖 Pasaje bíblico de inspiración
_____
_____

🌀 Oración con la Palabra
_____
_____

🌸 Oración clave
_____
_____
_____

☕ Enfoque de la oración _____

📖 Pasaje bíblico de inspiración
_____
_____

🌀 Oración con la Palabra
_____
_____

🌸 Oración clave
_____
_____
_____

Día 4

Alabanza

☕ **Enfoque de la oración:** Paciencia

📖 **Pasaje bíblico de inspiración**
El Señor no tarda en cumplir su promesa, según entienden algunos la tardanza. Más bien, él tiene paciencia con ustedes. (2 Pedro 3:9)

Oración con la Palabra
Señor, sé que tú cumplirás tus promesas a tu perfecto tiempo. Ayúdame a ser paciente, como tú eres paciente conmigo. Confío en que cualquier demora que perciba es en realidad tu perfecta sabiduría que está actuando a favor de mí.

Oración clave
Estoy muy agradecida porque eres paciente y misericordioso conmigo. Sé que has sufrido conmigo por mucho tiempo en algunas esferas. Gracias por nunca desistir en cuanto a mí. Sé que nunca me dejarás ni me abandonarás. Gracias por creer en mí y por tu disposición a esperar con paciencia a medida que yo llego a ser poco a poco lo que tú me has creado para ser.

Enfoque de la oración _____

📖 Pasaje bíblico de inspiración

_____
_____
_____
_____

Oración con la Palabra

_____
_____
_____
_____
_____
_____

Oración clave

_____
_____
_____
_____
_____
_____
_____
_____
_____

Día 4

Interés personal

 Enfoque de la oración: Matrimonio

 Pasaje bíblico de inspiración

Por eso dejará el hombre a su padre y a su madre, y se unirá a su esposa, y los dos llegarán a ser un solo cuerpo. Esto es un misterio profundo; yo me refiero a Cristo y a la iglesia. (Efesios 5:31-32)

Oración con la Palabra

Ah Creador, capacítanos a mi esposo y a mí para aferrarnos el uno al otro en forma tan completa que dejemos de actuar como dos personas separadas, sino como una pareja casada. A medida que me someto con respeto a mi esposo y él me ama en forma sacrificial, que el mundo vea el plan de redención de Cristo por medio de nosotros.

 Oración clave

Gracias por mi matrimonio: lo bueno, lo malo y lo que no es agradable. Continúa refinándome en los tiempos difíciles de modo que logre parecerme más a ti y actuar más como tú. Por favor, bendice nuestro matrimonio y acércanos más a ti, y como resultado, que estemos más cerca el uno del otro. Mantennos unidos y no permitas que nada nos separe. Por tu gracia, haz que nuestro matrimonio sea más fuerte cada día.

Enfoque de la oración _____

📖 Pasaje bíblico de inspiración

_____
_____
_____
_____

Oración con la Palabra

_____
_____
_____
_____
_____
_____

Oración clave

_____
_____
_____
_____
_____
_____
_____
_____
_____

Día 4

Esposo

☕ Enfoque de la oración: Papel como padre

📖 Pasaje bíblico de inspiración
Porque el Señor disciplina a los que ama, como corrige un padre a su hijo querido. (Proverbios 3:12)

Oración con la Palabra
Llena el corazón de mi esposo de tu amor. Inúndalo de tu gozo por el privilegio de ser padre. Permite que toda la disciplina fluya de este gozo y amor.

❀ Oración clave
Alienta a mi esposo como padre. Dale la sabiduría para que nos guíe como familia. Concédele toda la paciencia, dominio propio, gentileza y valor que necesita para ser padre en el mundo de hoy. Obra en el corazón de nuestros hijos para que tengan respeto piadoso por la autoridad, y que mi esposo tenga un amor incondicional, afectuoso y firme por ellos.

Enfoque de la oración _____

Pasaje bíblico de inspiración

_____
_____
_____
_____

Oración con la Palabra

_____
_____
_____
_____
_____
_____

Oración clave

_____
_____
_____
_____
_____
_____
_____
_____
_____

Día 4

Hijos

☕ Enfoque de la oración: Su andar con Dios

📖 Pasaje bíblico de inspiración
Nada me produce más alegría que oír que mis hijos practican la verdad. (3 Juan 4)

⊙ Oración con la Palabra
Querido Jesús, por favor, concédeme el gozo incomparable de saber que mis hijos caminan contigo.

❀ Oración clave
Padre celestial, infunde en mis hijos, a una temprana edad, amor por la adoración, por la oración y por tu Palabra. Establece en ellos patrones de tiempos a solas contigo que seguirán por el resto de sus vidas. Enséñales a andar en el Espíritu, a depender de tu fuerza, a amarte de todo corazón, a escuchar tu voz, a obedecer tus mandamientos y a seguirte sin vacilar.

Enfoque de la oración _____

Pasaje bíblico de inspiración

_____
_____
_____
_____

Oración con la Palabra

_____
_____
_____
_____
_____
_____

Oración clave

_____
_____
_____
_____
_____
_____
_____
_____
_____

Día 4

Influencias personales

Enfoque de la oración: Pastor adjunto

Pasaje bíblico de inspiración
Y Jonatán dijo a David: Lo que deseare tu alma, haré por ti. (1 Samuel 20:4, RV-60)

Oración con la Palabra
Unge a nuestro pastor adjunto para que sea el que lleve la armadura para nuestro pastor. Dale la disposición de trabajar de acuerdo a la visión que tú tienes para nuestra iglesia.

Oración clave
Revélale a nuestro pastor adjunto la importancia del papel que desempeña en nuestra iglesia. Fortalécelo para que apoye a nuestro pastor. Recuérdanos alentarlo, pero cuando no lo hagamos, que tu sonrisa de aprobación sea suficiente para él.

Largo alcance

Enfoque de la oración: Consejeros presidenciales

Pasaje bíblico de inspiración
Cuando el comandante de la guardia real, que se llamaba Arioc, salió [...] Daniel le habló con mucho tacto e inteligencia. (Daniel 2:14)

Oración con la Palabra
Que los consejeros del presidente le aconsejen con sabiduría.

Oración clave
Rodea al presidente de hombres y mujeres buenos que con valentía lo asesoren con sabiduría que viene de ti. Que estas personas sirvan a nuestro país al servir al presidente con corazones puros.

☕ Enfoque de la oración _____

📖 Pasaje bíblico de inspiración
_____
_____

🌀 Oración con la Palabra
_____
_____

❀ Oración clave
_____
_____
_____

☕ Enfoque de la oración _____

📖 Pasaje bíblico de inspiración
_____
_____

🌀 Oración con la Palabra
_____
_____

❀ Oración clave
_____
_____
_____

Día 5

Alabanza

☕ **Enfoque de la oración:** Espíritu Santo

📖 **Pasaje bíblico de inspiración**
Pero el Consolador, el Espíritu Santo, a quien el Padre enviará en mi nombre, les enseñará todas las cosas y les hará recordar todo lo que les he dicho. (Juan 14:26)

🌀 **Oración con la Palabra**
Gracias, Padre, por mandar al Consolador, al Espíritu Santo, para que me enseñe todas las cosas y me traiga a la memoria todo lo que me has dicho tú.

🌸 **Oración clave**
Amo al Espíritu Santo, gracias por dejarlo aquí en la tierra cuando te fuiste al cielo. Padre, lléname con el Espíritu Santo hasta desbordar, y revélame a Jesús a mí y por medio de mí a través de su poder. Te adoro, Dios, Padre, Hijo y Espíritu Santo.

Enfoque de la oración

Pasaje bíblico de inspiración

Oración con la Palabra

Oración clave

Día 5

Interés personal

 Enfoque de la oración: Palabras

 Pasaje bíblico de inspiración
En la lengua hay poder de vida y muerte; quienes la aman comerán de su fruto. (Proverbios 18:21)

ⓖ Oración con la Palabra
Soy consciente de la destrucción que puede provocar mi propia lengua y también de su poder de traer vida. Mi deseo es que mis palabras sean dulces y que traigan sanidad a todos los que las escuchan.

 Oración clave
Me doy cuenta de que toda palabra que sale de mi boca se origina en mi corazón. Con esto en mente, te pido que me limpies desde dentro y que me llenes con tu Espíritu a fin de hablar palabras que traigan vida. Sobre todo, que mis palabras te agraden a ti.

Enfoque de la oración _____

📖 Pasaje bíblico de inspiración

_____
_____
_____
_____

Oración con la Palabra

_____
_____
_____
_____
_____
_____

Oración clave

_____
_____
_____
_____
_____
_____
_____
_____
_____

Día 5

Esposo

Enfoque de la oración: Trabajo

Pasaje bíblico de inspiración
Que el favor del Señor nuestro Dios esté sobre nosotros. Confirma en nosotros la obra de nuestras manos. (Salmo 90:17)

Oración con la Palabra
Dios, te ruego que no solo tu favor sea sobre mi esposo, sino que también él sea bien mirado por las personas para las que trabaja y por los que trabajan para él. Te pido que todo en lo que ponga su mano para hacer prospere y se multiplique y que obtenga aceptación y reconocimiento por el trabajo que tú haces por medio de él.

Oración clave
Pronuncio bendición en el trabajo de mi esposo. Te pido provisión y favor en todas las esferas de su carrera. Dale un gozo nuevo por el lugar al que le llamaste a ministrar y el trabajo que dispusiste que haga. Dale sabiduría y fortaleza para que de todo corazón realice un trabajo excelente. Recuérdale que en realidad trabaja para ti y no para los hombres.

Enfoque de la oración _____

Pasaje bíblico de inspiración

_____
_____
_____
_____

Oración con la Palabra

_____
_____
_____
_____
_____
_____

Oración clave

_____
_____
_____
_____
_____
_____
_____
_____
_____
_____
_____

Día 5

Hijos

 Enfoque de la oración: Obediencia

 Pasaje bíblico de inspiración
Hijos, obedezcan en el Señor a sus padres, porque esto es justo.
(Efesios 6:1)

Oración con la Palabra
Señor, enséñales a mis hijos a que amen la justicia y que, además de obedecerte a ti, obedezcan a sus padres.

 Oración clave
Por favor, pon amor a la obediencia en el corazón de mis hijos. Que anhelen hacer lo justo y que sientan remordimiento cuando hacen lo malo. Ayúdame a enseñarles a obedecer a su padre y a mí como padres terrenales, a fin de que te sigan sin discutir cuando sean adultos. Te ruego que desarrollen un hábito de completa obediencia que salga de un corazón que confía en tu Palabra y que quiere agradarte.

Enfoque de la oración _____

Pasaje bíblico de inspiración

_____
_____
_____
_____

Oración con la Palabra

_____
_____
_____
_____
_____
_____

Oración clave

_____
_____
_____
_____
_____
_____
_____
_____
_____

Día 5

Influencias personales

Enfoque de la oración: Iglesia

Pasaje bíblico de inspiración

Y así las iglesias se fortalecían en la fe y crecían en número día tras día. (Hechos 16:5)

Oración con la Palabra

Edifica nuestra iglesia en una fuerte relación contigo y los unos con los otros y que por esa fortaleza muchos se acerquen a ti.

Oración clave

Mantén a nuestra iglesia viviendo y respirando tu Espíritu Santo para que haya unidad y visión en el cuerpo. Protege todos los detalles que son parte de dirigir una organización, y haz que nuestra iglesia sea una luz en nuestra comunidad.

Largo alcance

Enfoque de la oración: Gobierno local

Pasaje bíblico de inspiración

Escojan de cada una de sus tribus a hombres sabios, inteligentes y experimentados, para que sean sus jefes. (Deuteronomio 1:13)

Oración con la Palabra

Ayúdanos a saber tu voluntad cuando votamos. Que elijamos a hombres y mujeres sabios, entendidos y de buena reputación.

Oración clave

Ayúdanos a tomar con seriedad el privilegio de votar, estudiando a los candidatos y los asuntos por los que votamos, a fin de usar nuestra influencia para justicia.

Enfoque de la oración _____

Pasaje bíblico de inspiración
_____
_____

Oración con la Palabra
_____
_____

Oración clave
_____
_____
_____

Enfoque de la oración _____

Pasaje bíblico de inspiración
_____
_____

Oración con la Palabra
_____
_____

Oración clave
_____
_____
_____

Día 6

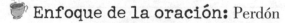
Alabanza

Enfoque de la oración: Perdón

Pasaje bíblico de inspiración
SEÑOR y Dios nuestro, tú les respondiste; fuiste para ellos un Dios perdonador. (Salmo 99:8)

Oración con la Palabra
Tú me has respondido, oh Dios, mi Dios perdonador, el cual es tu nombre y es tu carácter.

Oración clave
¿Cómo puedo comenzar a agradecerte por tu perdón? Sin el sacrificio de tu Hijo, Jesús, estaría perdida y carcomida por la culpa. Estoy eternamente agradecida no solo por haber perdonado mis pecados, sino también por tu perdón continuo de mis debilidades y egoísmo. También te agradezco por decidir olvidarte de mis pecados. Recibo el don gratuito del perdón que me das.

☕ Enfoque de la oración _____

📖 Pasaje bíblico de inspiración

_____
_____
_____
_____

🌀 Oración con la Palabra

_____
_____
_____
_____
_____
_____

🌸 Oración clave

_____
_____
_____
_____
_____
_____
_____
_____
_____

Día 6

Interés personal

Enfoque de la oración: Pensamientos

Pasaje bíblico de inspiración

No se amolden al mundo actual, sino sean transformados mediante la renovación de su mente. (Romanos 12:2)

Oración con la Palabra

No quiero llegar a ser como el mundo, y sé que cualquier cambio comienza con mis pensamientos. Límpiame la mente y ayúdame a enfocarme en ti para poder llegar a ser más semejante a ti.

Oración clave

Ayúdame a traer todo pensamiento a la cautividad de la obediencia a Cristo. Cuando la mente me comienza a divagar por senderos que al final conducen al pecado, detén mis pasos para que pueda darme vuelta y caminar hacia ti. Recuérdame que debo meditar en tu Palabra cuando me siento tentada a tener pensamientos negativos o pecaminosos.

Enfoque de la oración

Pasaje bíblico de inspiración

Oración con la Palabra

Oración clave

Día 6

Esposo

☕ Enfoque de la oración: Finanzas

📖 Pasaje bíblico de inspiración
Asegúrate de saber cómo están tus rebaños; cuida mucho de tus ovejas; pues las riquezas no son eternas ni la fortuna está siempre segura. (Proverbios 27:23-24)

☉ Oración con la Palabra
Apoya a mi esposo en su decisión de prestar atención diligente a nuestras finanzas. Motívalo para que mire hacia delante en el camino y que esté preparado para el futuro. Dale sabiduría para que cuide nuestro futuro.

❀ Oración clave
Señor, danos paz en lo que respecta a las finanzas. Enséñanos a vivir de manera cómoda con todo lo que nos has provisto. Líbranos de gastar más de lo que es necesario, de modo que el estrés y la división no encuentren lugar dentro de nuestro hogar. Auméntanos la fe para recordar que tú estás dispuesto y puedes suplir todas nuestras necesidades. Gracias por el privilegio de devolverte una parte a través de nuestros diezmos y ofrendas.

Enfoque de la oración _____

📖 Pasaje bíblico de inspiración

_____
_____
_____
_____

Oración con la Palabra

_____
_____
_____
_____
_____
_____

Oración clave

_____
_____
_____
_____
_____
_____
_____
_____

Día 6

Hijos
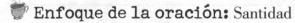

Enfoque de la oración: Santidad

Pasaje bíblico de inspiración
Más bien, sean ustedes santos en todo lo que hagan, como también es santo quien los llamó; pues está escrito: «Sean santos, porque yo soy santo». (1 Pedro 1:15-16)

Oración con la Palabra
Ah, Dios santo, puesto que tú llamaste a mis hijos a la santidad, te pido que les otorgues el poder de caminar en santidad.

Oración clave
Dios Todopoderoso, consagro a mis hijos a ti y te pido que los apartes para tus propósitos santos. Que amen las cosas que tú amas y que odien las cosas que tú odias. Enséñales a huir del reino de este mundo y a caminar en el reino de los cielos.

Enfoque de la oración _____

Pasaje bíblico de inspiración

_____
_____
_____
_____

Oración con la Palabra

_____
_____
_____
_____
_____
_____

Oración clave

_____
_____
_____
_____
_____
_____
_____
_____

Día 6

Influencias personales

Enfoque de la oración: Amistades

Pasaje bíblico de inspiración
El hierro se afila con el hierro, y el hombre en el trato con el hombre. (Proverbios 27:17)

Oración con la Palabra
Hazme la clase de amiga que acerque a otras personas a ti y que, mediante el ejemplo, les desafíe a ser más como Cristo.

Oración clave
Bendice a mis amigas y sus familias. Muéstrame formas de influir en sus vidas a través de una palabra, un favor, un abrazo o una oración. Trae jóvenes a mi vida a las que pueda discipular y mentoras de quienes pueda aprender.

Largo alcance

Enfoque de la oración: Tribunal Supremo

Pasaje bíblico de inspiración
No sean parciales en el juicio [...] No se dejen intimidar por nadie, porque el juicio es de Dios. (Deuteronomio 1:17)

Oración con la Palabra
Capacita a los jueces de nuestro Tribunal Supremo a juzgar sin prejuicios y a temerte solo a ti.

Oración clave
Elevo a ti los nombres de todas las personas de nuestro sistema de tribunales y te pido que las guíes con sabiduría y una conciencia justa.

☕ **Enfoque de la oración** _____

📖 Pasaje bíblico de inspiración

_____
_____

🌀 Oración con la Palabra

_____
_____

🌸 Oración clave

_____
_____
_____

☕ **Enfoque de la oración** _____

📖 Pasaje bíblico de inspiración

_____
_____

🌀 Oración con la Palabra

_____
_____

🌸 Oración clave

_____
_____
_____

Día 7

Alabanza

Enfoque de la oración: Amor

Pasaje bíblico de inspiración
Y nosotros hemos llegado a saber y creer que Dios nos ama. Dios es amor. El que permanece en amor, permanece en Dios, y Dios en él. (1 Juan 4:16)

Oración con la Palabra
Señor, creo que tú me amas; ayúdame a conocer ese amor en una medida mayor todos los días. Tú eres amor. Capacítame para descansar y esperar de manera tan completa en tu amor que no busque nada ni a ninguna otra persona para satisfacerme. Quiero hallarme plena en ti y tu santidad en mí.

Oración clave
Te alabo, oh Dios de amor. Por tu amor por nosotros es que diste el don del amor. Tu amor nunca cambia; es el mismo ayer, hoy y para siempre. Gracias porque no hay nada que pueda hacer para que me ames menos, ni nada que pueda hacer para que me ames más. El amor comienza y termina en ti.

☕ Enfoque de la oración_____

📖 Pasaje bíblico de inspiración
_____
_____
_____
_____

🌀 Oración con la Palabra
_____
_____
_____
_____
_____
_____

🌸 Oración clave
_____
_____
_____
_____
_____
_____
_____
_____
_____

Día 7

Interés personal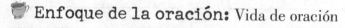

☕ Enfoque de la oración: Vida de oración

📖 Pasaje bíblico de inspiración
No se inquieten por nada; más bien, en toda ocasión, con oración y ruego, presenten sus peticiones a Dios y denle gracias. (Filipenses 4:6)

☉ Oración con la Palabra
Querido Dios, te traigo todas mis preocupaciones y necesidades. Te doy las gracias porque me escuchas y me responderás de acuerdo a tu perfecta voluntad. Ahora que todos mis deseos están en tus manos, no me preocuparé por nada.

❀ Oración clave
Es imposible tener una relación sin comunicación. Mi deseo más profundo es conocerte como tú me conoces a mí. Acércame cada vez más a ti a través de la conversación íntima. Ayúdame a recordar que tú deseas una relación conmigo más que cualquier otra cosa que pudiera ofrecerte.

Enfoque de la oración

Pasaje bíblico de inspiración

Oración con la Palabra

Oración clave

Día 7

Esposo

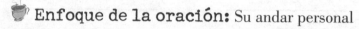

Enfoque de la oración: Su andar personal

Pasaje bíblico de inspiración

Les ruego que vivan de una manera digna del llamamiento que han recibido, siempre humildes y amables, pacientes, tolerantes unos con otros en amor. (Efesios 4:1, 2)

Oración con la Palabra

A cualquier parte que vaya mi esposo y lo que quiera que haga, permite que recuerde que es un testimonio vivo de ti. Recuérdale que por tu misericordia le has perdonado sus pecados a fin de que desee caminar en humildad y mansedumbre; con paciencia; presto para entender, perdonar y amar a los que encuentre en su camino.

Oración clave

Te ruego que todo lo que mi esposo piense, diga y haga te glorifique. Capacítalo para continuar firme con el compromiso que hizo contigo dentro de su corazón. Aliéntalo para que sea diligente en confesar y arrepentirse cuando se desvía de tu camino. Dale un anhelo por la integridad en su hombre interior que se manifieste en un andar santo delante de otros.

Enfoque de la oración _____

Pasaje bíblico de inspiración

_____
_____
_____
_____

Oración con la Palabra

_____
_____
_____
_____
_____
_____

Oración clave

_____
_____
_____
_____
_____
_____
_____
_____
_____

Día 7

Hijos

🍵 Enfoque de la oración: Pureza

📖 Pasaje bíblico de inspiración
La voluntad de Dios es que sean santificados; que se aparten de la inmoralidad sexual; que cada uno aprenda a controlar su propio cuerpo de una manera santa y honrosa, sin dejarse llevar por los malos deseos. (1 Tesalonicenses 4:3-5)

☕ Oración con la Palabra
Querido Dios, te ruego que mis hijos anden en tu voluntad, con vidas dedicadas a tus santos caminos. Dales el poder para honrar sus cuerpos, mantenlos puros sexualmente, y dales la habilidad de controlar los malos deseos de la carne.

🌸 Oración clave
Querido Señor, se requieren poderes sobrenaturales para que los hijos se mantengan puros hasta el matrimonio en el mundo de hoy. Es por eso que te ruego por mis hijos. Ayúdalos a mantenerse en santidad y a resistir la tentación de ver lo mucho que se pueden acercar al borde sin caer. Recuérdales que usen la espada del Espíritu mientras guardan tu Palabra en sus corazones y mantienen sus pensamientos puros como el primer recurso de defensa.

Enfoque de la oración _____

📖 Pasaje bíblico de inspiración

_____
_____
_____
_____

⊚ Oración con la Palabra

_____
_____
_____
_____
_____
_____

❀ Oración clave

_____
_____
_____
_____
_____
_____
_____
_____
_____
_____

Día 7

Influencias personales

Enfoque de la oración: Familia extendida

Pasaje bíblico de inspiración
Cree en el Señor Jesús; así tú y tu familia serán salvos. (Hechos 16:31)

Oración con la Palabra
Creo en ti, Jesús, como mi Señor y Salvador. Úsame para alcanzar a todos mis familiares.

Oración clave
Te doy gracias por mi familia. Elevo ante ti a mis abuelos, a mis padres, a mis hermanas, hermanos, tías, tíos, primos, sobrinos, sobrinas, cada uno de mis parientes, y te pido que los acerques más a ti. Bendícelos y guárdalos hasta el día de tu regreso.

Largo alcance

Enfoque de la oración: Escuelas públicas

Pasaje bíblico de inspiración
Instruye al sabio, y se hará más sabio; enseña al justo, y aumentará su saber. (Proverbios 9:9)

Oración con la Palabra
Haz que nuestros hijos sean sabios y justos a fin de que les guste aprender y crezcan en entendimiento y conocimiento.

Oración clave
Levanta maestros piadosos para que enseñen en nuestras escuelas a la próxima generación con sabiduría y justicia.

☕ Enfoque de la oración _____

📖 Pasaje bíblico de inspiración

_____
_____

🌀 Oración con la Palabra

_____
_____

🌸 Oración clave

_____
_____
_____

☕ Enfoque de la oración _____

📖 Pasaje bíblico de inspiración

_____
_____

🌀 Oración con la Palabra

_____
_____

🌸 Oración clave

_____
_____
_____

Día 8

Alabanza

Enfoque de la oración: Calvario

Pasaje bíblico de inspiración
En cuanto a mí, jamás se me ocurra jactarme de otra cosa sino de la cruz de nuestro Señor Jesucristo, por quien el mundo ha sido crucificado para mí, y yo para el mundo. (Gálatas 6:14)

Oración con la Palabra
Querido Dios, no dejes que piense siquiera en tomar el reconocimiento por cualquier cosa que sea buena en mí. Si hay algo bueno, es solo por la gracia de mi Señor Jesucristo y el poder en su sangre derramada por mis pecados en la cruz. El mundo ya no tiene poder sobre mí. Decido morir a todo lo que el mundo tiene para ofrecer.

Oración clave
¡Digno es el Cordero que fue inmolado de recibir el poder, las riquezas, la sabiduría, la fortaleza, el honor, la gloria y la alabanza! Mi vida comenzó en la tierra cuando terminó tu vida aquí en la tierra. Gracias por haber caminado aquel doloroso, humillante e injusto camino al Calvario y por tu disposición de sufrir en la cruz para que yo pudiera experimentar la vida abundante que me has dado.

Enfoque de la oración

Pasaje bíblico de inspiración

_____
_____
_____
_____

Oración con la Palabra

_____
_____
_____
_____
_____
_____

Oración clave

_____
_____
_____
_____
_____
_____
_____
_____
_____

Día 8

Interés personal

☕ Enfoque de la oración: Estudio bíblico

📖 Pasaje bíblico de inspiración
Ábreme los ojos, para que contemple las maravillas de tu ley.
(Salmo 119:18)

⊙ Oración con la Palabra
Oh Señor, revélame los tesoros que están escondidos en tu Palabra.

❀ Oración clave
¡Amo tu ley! Alimenta mi alma mientras me deleito en tu Palabra. Dame un hambre nueva para devorar las Escrituras de modo que no esté satisfecha a menos que me llene de tu verdad todos los días. A medida que leo, esconde tu Palabra en mi corazón para que no peque contra ti.

Enfoque de la oración _____

Pasaje bíblico de inspiración

_____
_____
_____
_____

Oración con la Palabra

_____
_____
_____
_____
_____
_____

Oración clave

_____
_____
_____
_____
_____
_____
_____
_____
_____

Día 8

Esposo

 Enfoque de la oración: Sexualidad

Pasaje bíblico de inspiración
¡Bendita sea tu fuente! ¡Goza con la esposa de tu juventud! Es una gacela amorosa, es una cervatilla encantadora. ¡Que sus pechos te satisfagan siempre! ¡Que su amor te cautive todo el tiempo! (Proverbios 5:18-19)

 Oración con la Palabra

Querido Creador, bendice a mi esposo en la misma fuente de su vida. Danos un renovado gozo el uno por el otro e intimidad que nos recuerde cuando nuestras relaciones sexuales estaban llenas de maravilla y emoción. Que yo sea hermosa y vulnerable a los ojos de mi esposo, y permite que lo agrade de forma tan completa que se sienta del todo satisfecho con mi amor.

 Oración clave

Fortalece a mi esposo en su hombre interior a fin de que pueda tener el poder sobrenatural para luchar contra la lujuria del mundo que lo bombardea todos los días. Si ha habido alguna historia de debilidad o pecado en la esfera de la sexualidad, restáuralo a la pureza y la sanidad. Bendice nuestros tiempos de intimidad para que lleguemos a ser tan completamente uno que ni el enemigo, ni el mundo, ni hombre, ni mujer logren interponerse entre nosotros.

Enfoque de la oración _____

Pasaje bíblico de inspiración

_____
_____
_____

Oración con la Palabra

_____
_____
_____
_____
_____
_____

Oración clave

_____
_____
_____
_____
_____
_____
_____
_____
_____
_____

Día 8

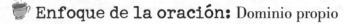
Hijos

Enfoque de la oración: Dominio propio

Pasaje bíblico de inspiración
Porque si vivís conforme a la carne, moriréis; mas si por el Espíritu hacéis morir las obras de la carne, viviréis.
(Romanos 8:13, RV-60).

Oración con la Palabra
Llena a mis hijos con tu Espíritu Santo para que puedan tener la disciplina de crucificar la carne y, por consiguiente, levantarse a nueva vida.

Oración clave
Querido Padre celestial, cultiva en mis hijos el fruto del Espíritu: amor, alegría, paz, paciencia, amabilidad, bondad, fidelidad, humildad y, sobre todo, dominio propio. Ayúdalos a andar en el Espíritu y dales poder para controlar su temperamento, su lengua, sus pasiones y su comportamiento. Recuérdales que clamen pidiendo que los fortalezcas cuando la carne es débil.

Enfoque de la oración _____

📖 Pasaje bíblico de inspiración

_____
_____
_____
_____

🌀 Oración con la Palabra

_____
_____
_____
_____
_____
_____

🌼 Oración clave

_____
_____
_____
_____
_____
_____
_____
_____
_____

Día 8

Influencias personales

Enfoque de la oración: Maestros

Pasaje bíblico de inspiración
Las palabras de los sabios son como aguijones; y como clavos hincados son las de los maestros. (Eclesiastés 12:11, RV-60).

Oración con la Palabra
Llena a los maestros de mis hijos de tu creatividad de modo que logren engendrar el entusiasmo por el aprendizaje y tengan la capacidad de expresar conceptos con claridad.

Oración clave
Gracias por las personas que has escogido para que les enseñen a mis hijos. Dales comprensión compasiva, amor por su trabajo, fortaleza para la tarea y sabiduría. Muéstrame formas en que los puedo apoyar mientras cumplen el alto llamado de influir en tantas vidas jóvenes.

Largo alcance

Enfoque de la oración: Los medios

Pasaje bíblico de inspiración
Cuídense de que nadie los cautive con la vana y engañosa filosofía que sigue tradiciones humanas [...] y no conforme a Cristo. (Colosenses 2:8)

Oración con la Palabra
Líbranos del espíritu de esta época y apártanos de las influencias pecaminosas del príncipe del aire.

Oración clave
Usa a mujeres y hombres piadosos que levanten un estandarte de justicia en los influyentes medios de comunicación.

☕ Enfoque de la oración _____

📖 Pasaje bíblico de inspiración
_____
_____

🌀 Oración con la Palabra
_____
_____

🌸 Oración clave
_____
_____
_____

☕ Enfoque de la oración _____

📖 Pasaje bíblico de inspiración
_____
_____

🌀 Oración con la Palabra
_____
_____

🌸 Oración clave
_____
_____
_____

Día 9

Alabanza

 Enfoque de la oración: Libertador

 Pasaje bíblico de inspiración
Y a mí, pobre y necesitado, quiera el Señor tomarme en cuenta. Tú eres mi socorro y mi libertador; ¡no te tardes, Dios mío! (Salmo 40:17)

Oración con la Palabra
Soy pequeña en valor y, sin embargo, el Dios Todopoderoso piensa en mí. Oh Dios, apresúrate; ayúdame y líbrame. Te necesito.

Oración clave
¡Oh Dios, mi roca, mi fortaleza y mi libertador! Cuando me siento débil, tú eres mi fortaleza. No me puedo salvar a mí misma, pero tú prometiste rescatarme. Siento que el enemigo me está cercando por todos lados, y no tengo el poder de continuar luchando en su contra. Todo lo que necesito hacer es pronunciar el poderoso nombre de Jesús y confiar en que tú derramarás tu autoridad a mi favor. Gracias por ser mi libertador.

Enfoque de la oración _____

Pasaje bíblico de inspiración

_____
_____
_____
_____

Oración con la Palabra

_____
_____
_____
_____
_____
_____

Oración clave

_____
_____
_____
_____
_____
_____
_____
_____
_____

Día 9

Interés personal

☕ **Enfoque de la oración:** Confesión y arrepentimiento

📖 Pasaje bíblico de inspiración
Si confesamos nuestros pecados, Dios, que es fiel y justo, nos los perdonará y nos limpiará de toda maldad […] La tristeza que proviene de Dios produce el arrepentimiento que lleva a la salvación, de la cual no hay que arrepentirse. (1 Juan 1:9; 2 Corintios 7:10)

Oración con la Palabra
Quiero traer mi pecado a la luz porque estoy segura de que tú me perdonarás y me limpiarás por completo. Estoy en verdad arrepentida por escoger mis caminos en lugar de escoger los tuyos. Ayúdame a volver a la vida en ti.

🌸 Oración clave
Ya no quiero mantener ningún pensamiento pecaminoso ni algún hecho oculto. Ahora confieso mi pecado a ti, y me niego a presentar excusas por mis elecciones. Por favor, perdóname por apartarme de tu camino. Quiero seguirte de nuevo. Cámbiame desde adentro por el poder del Señor resucitado.

Enfoque de la oración

Pasaje bíblico de inspiración

Oración con la Palabra

Oración clave

Día 9

Esposo

☕ Enfoque de la oración: Salud

📖 Pasaje bíblico de inspiración
Yo te restauraré y sanaré tus heridas. (Jeremías 30:17)

🌀 Oración con la Palabra
Señor, gracias por tu promesa de que sanarás a mi esposo y le darás buena salud.

🌸 Oración clave
Apoyándome en tu Palabra, te pido sanidad, fuerza y una vida larga para mi esposo. Si hay alguna enfermedad oculta, tú la puedes ver, así que sánala también. Te pido un toque especial de sanidad en su corazón, tanto de manera física como emocional. Quita la enfermedad de su lado y mantén las enfermedades lejos de él. Gracias porque sé que vivirá el número de días que planeaste para él.

Enfoque de la oración _____

📖 Pasaje bíblico de inspiración

_____
_____
_____
_____

Oración con la Palabra

_____
_____
_____
_____
_____
_____

Oración clave

_____
_____
_____
_____
_____
_____
_____
_____
_____
_____
_____

Día 9

Hijos
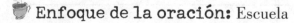

Enfoque de la oración: Escuela

Pasaje bíblico de inspiración
El Señor mismo instruirá a todos tus hijos, y grande será su bienestar. (Isaías 54:13)

Oración con la Palabra
Enseña a mis hijos, oh Señor, y gracias por la paz que disfrutarán al seguir tus instrucciones.

Oración clave
En primer lugar, te ruego que mis hijos aprendan de ti y que busquen tu sabiduría, Señor. Además de eso, te pido que les concedas a mis hijos amor por el aprendizaje. Dales la habilidad de entender las cosas que les enseñan y que las recuerden aun después que realicen las pruebas. Enséñales a organizar su tiempo y sus tareas con sabiduría. Ayúdalos a ser respetuosos de los que están en autoridad y a que encuentren favor con sus maestros y compañeros de clase.

Enfoque de la oración

Pasaje bíblico de inspiración

_____
_____
_____
_____

Oración con la Palabra

_____
_____
_____
_____
_____
_____

Oración clave

_____
_____
_____
_____
_____
_____
_____
_____
_____
_____

Día 9
Influencias personales

Enfoque de la oración: Parientes políticos

Pasaje bíblico de inspiración
¡Por medio de ti serán bendecidas todas las familias de la tierra! (Génesis 12:3)

Oración con la Palabra
Querido Dios, por favor, úsame para bendecir a todos los miembros de la familia de mi esposo.

Oración clave
Estoy muy agradecida por el esposo que me diste. Entiendo que junto a la bendición de casarme y pertenecer a su familia vino mi responsabilidad de mostrar amor, misericordia, perdón, hospitalidad, y el carácter de Cristo. Por favor, ayúdame a hacer eso.

Largo alcance

Enfoque de la oración: El ejército

Pasaje bíblico de inspiración
Se alista al caballo para el día de la batalla, pero la victoria depende del SEÑOR. (Proverbios 21:31)

Oración con la Palabra
Prepara al ejército de nuestra nación, pero recuérdanos poner nuestra fe en ti, el Comandante del ejército del Señor.

Oración clave
Gracias por los muchos hombres y mujeres que sirven en el ejército de nuestra nación. Bendícelos y guárdalos. Envuelve tus brazos de protección alrededor de ellos y de sus familias.

Enfoque de la oración _____

Pasaje bíblico de inspiración
_____
_____

Oración con la Palabra
_____
_____

Oración clave
_____
_____
_____

Enfoque de la oración _____

Pasaje bíblico de inspiración
_____
_____

Oración con la Palabra
_____
_____

Oración clave
_____
_____
_____

Día 10

Alabanza

Enfoque de la oración: Padre celestial

Pasaje bíblico de inspiración
El Padre mismo los ama porque me han amado y han creído que yo he venido de parte de Dios. (Juan 16:27)

Oración con la Palabra
Estoy sorprendida de que tú, el Padre de todos, me amas porque yo amo a tu Hijo, y porque creo con todo mi corazón que Él es el Hijo de Dios que tú enviaste.

Oración clave
Querido Padre celestial, anhelo acurrucarme en tu regazo como una niña pequeña, descansar en tus fuertes brazos y poner la cabeza sobre tu pecho donde pueda escuchar a tu corazón latiendo de amor por mí, tu preciosa hija. Gracias por el privilegio de llamarte «Abba». Te amo, Papá.

Enfoque de la oración

Pasaje bíblico de inspiración

Oración con la Palabra

Oración clave

Día 10

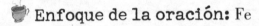
Interés personal

Enfoque de la oración: Fe

Pasaje bíblico de inspiración
Sin fe es imposible agradar a Dios, ya que cualquiera que se acerca a Dios tiene que creer que él existe y que recompensa a quienes lo buscan. (Hebreos 11:6)

Oración con la Palabra
Vengo a ti, creyendo que tú eres el Dios viviente y Todopoderoso. Quiero buscarte con todo mi corazón porque sé que tú eres el que me recompensa. La mayor recompensa que puedo recibir es agradarte; dame esa clase de fe.

Oración clave
Creo; ayuda mi incredulidad. Te pido con humildad el don de fe para que pueda creer las promesas que me has hecho. Ayúdame a confiar en ti de tal manera que comience a darte las gracias por adelantado por las respuestas a las oraciones que todavía no puedo ver. Aumenta mi fe a fin de que pueda recibir todo lo que tienes preparado para mí y por las personas por las que oro.

Enfoque de la oración

Pasaje bíblico de inspiración

_____
_____
_____

Oración con la Palabra

_____
_____
_____
_____
_____

Oración clave

_____
_____
_____
_____
_____
_____
_____
_____
_____

Día 10

Esposo

☕ Enfoque de la oración: Humildad

📖 Pasaje bíblico de inspiración
No hagan nada por egoísmo o vanidad; más bien, con humildad consideren a los demás como superiores a ustedes mismos. (Filipenses 2:3)

۞ Oración con la Palabra
Ayuda a mi esposo a servir a otros e incluso a ponerlos antes que él mismo. Apártalo del egoísmo, de su propia agenda o de pensar de sí mismo más de lo que debería. Recuérdale tu misericordia hacia él cuando todavía era pecador.

❀ Oración clave
Abre los ojos de mi esposo para que tenga una vislumbre de tu gloria tan grande como la pueda resistir. Que verte a ti le cause humildad genuina y continuas olas de adoración. Recuérdale que todo lo que es digno de alabanza en él viene de tu mano. Enséñale a que disfrute caminar bajo tu sombra.

☕ Enfoque de la oración _____

📖 Pasaje bíblico de inspiración

_____
_____
_____
_____

🌀 Oración con la Palabra

_____
_____
_____
_____
_____
_____

🌸 Oración clave

_____
_____
_____
_____
_____
_____
_____
_____
_____
_____

Día 10

Hijos
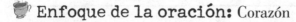

Enfoque de la oración: Corazón

Pasaje bíblico de inspiración
Pondré mis leyes en su mente y las escribiré en su corazón. Yo seré su Dios, y ellos serán mi pueblo. (Hebreos 8:10)

Oración con la Palabra
Dios Todopoderoso, te ruego que pongas tu ley en las mentes de mis hijos y que las escribas en sus corazones. Te pido que hagan de ti su Dios y que sean tu pueblo.

Oración clave
Padre, mi meta como madre es que a la postre mis hijos te amen y obedezcan desde lo profundo de sus corazones. A medida que les preparo desde el exterior hacia dentro, te pido que les enseñes y moldees sus corazones desde dentro hacia fuera. Me opongo a cualquier legalismo u obediencia que solo sea superficial. Te ruego que desde su corazón fluyan ríos de agua viva.

Enfoque de la oración

Pasaje bíblico de inspiración

Oración con la Palabra

Oración clave

Día 10

Influencias personales

Enfoque de la oración: Amigos de mis hijos

Pasaje bíblico de inspiración

No se dejen engañar: «Las malas compañías corrompen las buenas costumbres». (1 Corintios 15:33)

Oración con la Palabra

Alienta a cada uno de los amigos de mis hijos a que hagan las elecciones apropiadas de modo que puedan edificarse los unos a los otros en su andar contigo.

Oración clave

Gracias por los amigos de mis hijos. Mantén a salvo a cada uno de ellos, y ayúdalos a crecer en sabiduría, estatura y en favor contigo y con los hombres. Capacita a mis hijos para que sean una buena influencia y un testimonio fuerte de lo sabio que es seguirte a ti.

Largo alcance

Enfoque de la oración: Cámara de Representantes y Senado

Pasaje bíblico de inspiración

Serás establecida en justicia; lejos de ti estará la opresión, y nada tendrás que temer; el terror se apartará de ti, y no se te acercará. (Isaías 54:14)

Oración con la Palabra

Haz que nuestro gobierno sea justo e imparcial. Mantén a nuestros enemigos lejos, aparta cualquier amenaza de terrorismo y danos paz.

Oración clave

Limpia todas las politiquerías de nuestro gobierno, y en cambio, que podamos ver una nación dirigida por lo que es recto y bueno delante de tus ojos.

Enfoque de la oración _____

Pasaje bíblico de inspiración
_____
_____

Oración con la Palabra
_____
_____

Oración clave
_____
_____
_____

Enfoque de la oración _____

Pasaje bíblico de inspiración
_____
_____

Oración con la Palabra
_____
_____

Oración clave
_____
_____
_____

Día 11

Alabanza

☕ Enfoque de la oración: Amigo

📖 Pasaje bíblico de inspiración
Ya no los llamo siervos, porque el siervo no está al tanto de lo que hace su amo; los he llamado amigos, porque todo lo que a mi Padre le oí decir se lo he dado a conocer a ustedes. (Juan 15:15)

🌀 Oración con la Palabra
No puedo creer que el Dios del universo me llame amiga. Aun si tú, Jesús, ya no me llamas sierva, anhelo ser tu sierva. Ayúdame a conocerte a ti, Maestro, y a saber tus propósitos. Abre mis oídos para que escuche todo lo que me revelas del Padre.

🌸 Oración clave
No me cabe en la imaginación que tú me quieras como amiga, pero aceptaré tu misericordia y con agradecimiento recibo tu amistad. Gracias por caminar conmigo a través de mis rutinas diarias. Dulce Jesús, tú eres un amigo más cercano que un hermano. Estoy muy contenta de saber que nada me puede separar de tu amor por mí.

Enfoque de la oración _____

Pasaje bíblico de inspiración

_____
_____
_____
_____

Oración con la Palabra

_____
_____
_____
_____
_____
_____

Oración clave

_____
_____
_____
_____
_____
_____
_____
_____
_____
_____

Día 11

Interés personal

Enfoque de la oración: Ministerio

Pasaje bíblico de inspiración
Teniendo dones que difieren, según la gracia que nos ha sido dada, usémoslos. (Romanos 12:6, LBLA)

Oración con la Palabra
Gracias por los dones especiales que me has dado por tu gracia. Ayúdame a usarlos para tu gloria.

Oración clave
Ayúdame a ministrar de maneras específicas a quienes me llamaste a servir. Guárdame de codiciar el don, los talentos o el llamado de otra persona. Revélame los planes que tienes para usar mis dones de modo que los ponga a tus pies y me puedas usar según tu voluntad. Que tú seas glorificado por medio de mí.

Enfoque de la oración

Pasaje bíblico de inspiración

Oración con la Palabra

Oración clave

Día 11

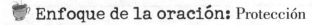
Esposo

Enfoque de la oración: Protección

Pasaje bíblico de inspiración
Por detrás y por delante me has cercado, y tu mano pusiste sobre mí. (Salmo 139:5, LBLA)

Oración con la Palabra
Qué paz es saber que tú has rodeado a mi esposo con tu protección y que cada aspecto de su vida está por completo en tus fieles manos.

Oración clave
Gracias, Padre, por proteger a mi esposo, a nuestro hogar y a todo lo que tiene a su alrededor. Pon ángeles en torno a mi esposo para que lo protejan de accidentes o de heridas. Guarda su reputación de cualquier trampa que el enemigo pueda haber colocado delante de él. Voy a descansar hoy sabiendo que ninguna arma prosperará en su contra. Está seguro en tus manos.

Enfoque de la oración _____

📖 Pasaje bíblico de inspiración

_____
_____
_____
_____

Ⓖ Oración con la Palabra

_____
_____
_____
_____
_____
_____

🌸 Oración clave

_____
_____
_____
_____
_____
_____
_____
_____
_____

Día 11

Hijos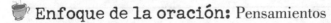

Enfoque de la oración: Pensamientos

Pasaje bíblico de inspiración

Todo lo que es verdadero, todo lo digno, todo lo justo, todo lo puro, todo lo amable, todo lo honorable, si hay alguna virtud o algo que merece elogio, en esto meditad. (Filipenses 4:8, LBLA)

Oración con la Palabra

Amado Señor, dirige los pensamientos de mis hijos para que estén fijos en las cosas que son verdaderas, dignas, justas, puras, amables, honorables, virtuosas y que merecen elogios.

Oración clave

Padre celestial, no puedo leer las mentes de mis hijos, pero tú sí puedes. Por favor, toma muy en cuenta las cosas que piensan y redirige sus pensamientos cuando no te sean agradables. Si mis hijos comienzan a guardar sus sentimientos, a sentir temor, a caer en depresión o a creer mentiras, por favor, trae esos pensamientos a la luz para que podamos llevarlos delante de tu luz sanadora de verdad. Llena sus pensamientos con tu amor y tu vida.

Enfoque de la oración _____

Pasaje bíblico de inspiración

_____
_____
_____
_____

Oración con la Palabra

_____
_____
_____
_____
_____
_____

Oración clave

_____
_____
_____
_____
_____
_____
_____
_____
_____
_____

Día 11

Influencias personales

Enfoque de la oración: Padres de los amigos de mis hijos

Pasaje bíblico de inspiración

Hijos, obedezcan a sus padres en todo, porque esto agrada al Señor.
(Colosenses 3:20)

Oración con la Palabra

Dales fuerzas a los padres de los amigos de mis hijos para que requieran obediencia en todas las cosas de modo que puedan sentir que te agradan.

Oración clave

Señor, sé que los amigos de mis hijos influyen mucho en ellos. Por favor, fortalece los hogares de los amigos de mis hijos. Que sus hogares tengan un fundamento firme, a fin de que mis hijos y sus amigos encuentren apoyo los unos de los otros para mantenerse firmes en medio de la presión que ejercen los compañeros.

Largo alcance

Enfoque de la oración: Enemigos

Pasaje bíblico de inspiración

Yo les digo: Amen a sus enemigos y oren por quienes los persiguen.
(Mateo 5:44)

Oración con la Palabra

Obedecemos tus mandamientos cuando oramos por nuestros enemigos, y te pedimos que nos reveles cómo podemos mostrarles tu amor.

Oración clave

Señor, te ruego por las personas que me han herido en lo personal. Las perdonaré y abandono mis derechos y necesidad de restitución. Te pido que bendigas a esas personas.

Enfoque de la oración _____

Pasaje bíblico de inspiración
_____
_____

Oración con la Palabra
_____
_____

Oración clave
_____
_____
_____

Enfoque de la oración _____

Pasaje bíblico de inspiración
_____
_____

Oración con la Palabra
_____
_____

Oración clave
_____
_____
_____

Día 12

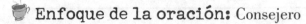

Enfoque de la oración: Consejero

Pasaje bíblico de inspiración
Se le darán estos nombres: Consejero admirable, Dios fuerte, Padre eterno, Príncipe de paz. (Isaías 9:6)

Oración con la Palabra
Señor, ayúdame a conocerte como Consejero admirable, Dios fuerte, Padre eterno y Príncipe de paz.

Oración clave
La sabiduría del Creador de las galaxias me ha ofrecido su consejo. Con humildad me postro delante de ti y te doy gracias por tu dirección. Permite que tenga un espíritu enseñable a fin de honrar cada verdad que me revelas mediante tu gracia. Deseo de todo corazón buscar tu voluntad en cada aspecto de mi vida. Me someto a tu consejo y te adoro como el Consejero admirable.

Enfoque de la oración _____

Pasaje bíblico de inspiración

_____
_____
_____

Oración con la Palabra

_____
_____
_____
_____
_____

Oración clave

_____
_____
_____
_____
_____
_____
_____
_____
_____

Día 12

Interés personal

Enfoque de la oración: Mi descendencia

Pasaje bíblico de inspiración
Puesto que me has obedecido, todas las naciones del mundo serán bendecidas por medio de tu descendencia. (Génesis 22:18)

Oración con la Palabra
Dios Padre, ayúdame caminar en completa obediencia a ti, sin ocultarte nada. Gracias por tu promesa de que bendecirás a las naciones de la tierra por medio de mi descendencia.

Oración clave
Sé con cuánto afán oro por mis hijos porque los amo desde lo más profundo. Solo puedo imaginar que de seguro sentiré al menos una emoción y preocupación tan fuerte por mis nietos. Debido a que creo que mi amor aumentará en forma exponencial con cada generación, oro con antelación por salvación y vida abundante para cada niño que será parte de mi descendencia hasta el regreso de Cristo.

☕ Enfoque de la oración _____

📖 Pasaje bíblico de inspiración

_____
_____
_____
_____

☉ Oración con la Palabra

_____
_____
_____
_____
_____
_____

🌼 Oración clave

_____
_____
_____
_____
_____
_____
_____
_____
_____
_____

Día 12

Esposo

Enfoque de la oración: Integridad

Pasaje bíblico de inspiración
Quien se conduce con integridad, anda seguro.
(Proverbios 10:9)

Oración con la Palabra
Permite que mi esposo se conduzca con un corazón limpio ante ti a fin de que no tenga nada que temer.

Oración clave
Infunde en mi esposo el deseo de invitarte a los lugares secretos de su corazón. Escudriña su corazón e ilumina cualquier cosa que está oculta en las sombras. Que mi esposo disfrute caminando en la luz así como tú eres Luz y que no tolere ni un solo vestigio de oscuridad. Que viva su vida ante una audiencia de una sola Persona.

Enfoque de la oración

Pasaje bíblico de inspiración

Oración con la Palabra

Oración clave

Día 12

Hijos
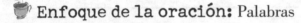

Enfoque de la oración: Palabras

Pasaje bíblico de inspiración
Sean, pues, aceptables ante ti mis palabras y mis pensamientos, oh SEÑOR, roca mía y redentor mío. (Salmo 19:14)

Oración con la Palabra
Oh Señor, redime a mis hijos y sé la fortaleza de ellos. Pon tus ojos sobre ellos y permite que todo lo que piensan sea aceptable a ti.

Oración clave
Querido Dios, tú eres el Padre de mis hijos, por favor ayúdalos a hablar la verdad y a que no mientan. Enséñales a dominar la lengua, y fortalece su resolución de no caer en malos hábitos de gestos inapropiados, chistes de mal gusto o cualquier clase de blasfemia. Que se sobrecojan ante el pensamiento de herir a alguien con sus palabras. En cambio, que experimenten el gozo de hablar las palabras exactas en el tiempo exacto.

Enfoque de la oración

📖 Pasaje bíblico de inspiración

_____
_____
_____
_____

Oración con la Palabra

_____
_____
_____
_____
_____

Oración clave

_____
_____
_____
_____
_____
_____
_____
_____
_____
_____

Día 12

Influencias personales

Enfoque de la oración: Mascotas

Pasaje bíblico de inspiración
El hombre bueno se preocupa por el bienestar de sus animales. (Proverbios 12:10, LBD)

Oración con la Palabra
Señor, ayuda a nuestra familia a aprender a ser responsables y a crecer en bondad mientras se preocupan por cuidar bien nuestras mascotas.

Oración clave
Gracias por el gozo y el amor incondicional que nos dan nuestras mascotas. Ayúdanos a darles el tiempo y la atención que necesitan. Enséñales a mis hijos a medida que cuidan de sus animales, y ayúdales a forjar maravillosos recuerdos de su niñez. Por favor, mantén nuestras mascotas a salvo y saludables.

Largo alcance

Enfoque de la oración: Misioneros

Pasaje bíblico de inspiración
Pídanle, por tanto, al Señor de la cosecha que envíe obreros a su campo. (Mateo 9:37-38)

Oración con la Palabra
Levanta a hombres y mujeres que sientan tu llamado en sus vidas para ir a todo el mundo y predicar el evangelio de Jesucristo.

Oración clave
Consuela y fortalece a todos los que ya trabajan alrededor del mundo. Alienta sus corazones y derrama una unción nueva sobre ellos.

☕ Enfoque de la oración _____

📖 Pasaje bíblico de inspiración

_____
_____

🌀 Oración con la Palabra

_____
_____

🌸 Oración clave

_____
_____
_____

☕ Enfoque de la oración _____

📖 Pasaje bíblico de inspiración

_____
_____

🌀 Oración con la Palabra

_____
_____

🌸 Oración clave

_____
_____
_____

Día 13

Alabanza

Enfoque de la oración: Sanador

Pasaje bíblico de inspiración
Cuando Jesús desembarcó y vio a tanta gente, tuvo compasión de ellos y sanó a los que estaban enfermos. (Mateo 14:14)

Oración con la Palabra
Jesús, sé que aun en la multitud, tú me ves. Creo que mis necesidades conmueven tu corazón y que me puedes sanar.

Oración clave
Jesús, tú eres el mismo ayer, hoy y por los siglos. Te agradezco mucho que todavía haces milagros. Creo que por tus llagas soy sanada, y te adoro como la Resurrección y la Vida. Te exalto, oh Guardador de las llaves de la muerte.

Enfoque de la oración _____

📖 Pasaje bíblico de inspiración

_____
_____
_____
_____

☉ Oración con la Palabra

_____
_____
_____
_____
_____
_____

❀ Oración clave

_____
_____
_____
_____
_____
_____
_____
_____
_____

Día 13

Interés personal

☕ **Enfoque de la oración:** Salud

📖 **Pasaje bíblico de inspiración**
Querido hermano, oro para que te vaya bien en todos tus asuntos y goces de buena salud, así como prosperas espiritualmente. (3 Juan 2)

🌀 **Oración con la Palabra**
Recibo las oraciones del apóstol Juan para mí para que todo me vaya bien y que pueda tener sanidad en el cuerpo y en el alma.

🌸 **Oración clave**
Jesús, cuando estabas en la tierra, sanaste a los enfermos y a los afligidos. También dijiste que si pedía, recibiría. Así que te pido que me des buena salud. Guárdame de las enfermedades del cuerpo, del alma y de la mente. Hazme fuerte y saludable para poder servirte con diligencia todos los días de mi vida. Si en tu sabiduría y misericordia escoges que yo sufra, que esto te traiga gloria.

☕ Enfoque de la oración _____

📖 Pasaje bíblico de inspiración

_____
_____
_____
_____

🌀 Oración con la Palabra

_____
_____
_____
_____
_____
_____

🌸 Oración clave

_____
_____
_____
_____
_____
_____
_____
_____
_____
_____

Día 13

Esposo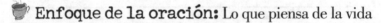

Enfoque de la oración: Lo que piensa de la vida

Pasaje bíblico de inspiración
Al de carácter firme lo guardarás en perfecta paz, porque en ti confía. (Isaías 26:3)

Oración con la Palabra
Ayuda a mi esposo a mantener sus pensamientos tan enfocados en ti y en tu fidelidad que pueda descansar por completo en tus planes para su vida.

Oración clave
Prepara a mi esposo para que piense en ti, en tu Palabra y en tus caminos cuando el enemigo lo tiente por lo que piensa de la vida. Límpialo de cualquier pensamiento impuro, de ansiedad o engaño y fortalécelo para que pueda permanecer firme en la verdad. Ayúdalo para que sea diligente en cuidar la puerta a su corazón a medida que lleva todo pensamiento cautivo a la obediencia de Cristo.

Enfoque de la oración _____

Pasaje bíblico de inspiración

_____
_____
_____
_____

Oración con la Palabra

_____
_____
_____
_____
_____

Oración clave

_____
_____
_____
_____
_____
_____
_____
_____
_____

Día 13

Hijos

☕ Enfoque de la oración: Protección

📖 Pasaje bíblico de inspiración
Deja correr el llanto de tu corazón como ofrenda derramada ante el Señor. Eleva tus manos a Dios en oración por la vida de tus hijos. (Lamentaciones 2:19)

☉ Oración con la Palabra
Vengo ante ti, Señor, y derramo mi corazón en tu presencia. Te entrego a mis hijos y te pido que los guardes y protejas todos los días de su vida.

❀ Oración clave
Soy afortunada porque sé que amas a mis hijos más de lo que los amo yo. Con esto presente, te los entrego. Tengo la confianza de que les ordenaste a tus ángeles que acampen a su alrededor para que los cuiden en todos sus caminos. Ayúdame a no temer, sino a descansar en tu capacidad de proteger a mis hijos y a confiar que al enemigo no se le permitirá tocarlos sin tu permiso. Mis hijos están seguros contigo.

Enfoque de la oración _____

Pasaje bíblico de inspiración

_____
_____
_____
_____

Oración con la Palabra

_____
_____
_____
_____
_____
_____

Oración clave

_____
_____
_____
_____
_____
_____
_____
_____
_____

Día 13

Influencias personales

Enfoque de la oración: Jefe

Pasaje bíblico de inspiración
Dichoso el siervo cuando su señor, al regresar, lo encuentra cumpliendo con su deber. (Mateo 24:46)

Oración con la Palabra
Señor, te ruego que el jefe de mi esposo (y el mío) estén contentos con un trabajo bien hecho, que reconozcan la integridad y el trabajo arduo, y que recompensen en forma apropiada.

Oración clave
Por favor, bendice al jefe de mi esposo (y al mío). Dale gracia para dirigir y sabiduría para tomar buenas decisiones. Que prosperen su vida personal y sus negocios. Si no te conoce, abre sus ojos usando a mi esposo (o a mí).

Largo alcance

Enfoque de la oración: La economía

Pasaje bíblico de inspiración
Tu Dios te bendecirá [...] y tú podrás darles prestado a muchas naciones, pero no tendrás que pedir prestado de ninguna. (Deuteronomio 15:6)

Oración con la Palabra
Nos apoyamos en tu Palabra creyendo que tenemos el llamado a ser una nación que reina y que es rica en generosidad y no en deudas.

Oración clave
Permite que como nación gastemos con sabiduría e integridad. Crea trabajos para que todos puedan proveer para sus familias. Bendícenos en tu misericordia, Señor.

☕ Enfoque de la oración _____

📖 Pasaje bíblico de inspiración

_____
_____

🌀 Oración con la Palabra

_____
_____

❀ Oración clave

_____
_____
_____

☕ Enfoque de la oración _____

📖 Pasaje bíblico de inspiración

_____
_____

🌀 Oración con la Palabra

_____
_____

❀ Oración clave

_____
_____
_____

Día 14

Alabanza

Enfoque de la oración: Proveedor

Pasaje bíblico de inspiración

Pues si ustedes, aun siendo malos, saben dar cosas buenas a sus hijos, ¡cuánto más su Padre que está en el cielo dará cosas buenas a los que le pidan! (Mateo 7:11)

Oración con la Palabra

Padre, sé que a mí, aun como una madre pecadora, me encanta darles regalos a mis hijos. Tú, que posees los almacenes del cielo, ¡te encanta aun más darnos buenas cosas a nosotros tus hijos! Estás esperando que te lo pidamos. Por lo tanto, he aquí mi petición.

Oración clave

No me preocuparé por el día de mañana porque sé que tú ya tienes un plan para suplir todas mis necesidades de acuerdo a tus riquezas en gloria en Cristo Jesús. Por consiguiente, te alabo ahora por lo que no puedo ver, y por fe te agradeceré con antelación porque sé que eres fiel. Gracias por proveer para cada una de mis necesidades (y muchas cosas que quiero que no son necesidades). Estoy agradecida de ti, mi generoso Dador de dones.

Enfoque de la oración _____

📖 Pasaje bíblico de inspiración

_____
_____
_____
_____

Oración con la Palabra

_____
_____
_____
_____
_____
_____

Oración clave

_____
_____
_____
_____
_____
_____
_____
_____
_____

Día 14

Interés personal

☕ Enfoque de la oración: Relaciones

📖 Pasaje bíblico de inspiración

Busquen la paz con todos, y la santidad, sin la cual nadie verá al Señor. (Hebreos 12:14)

ⓖ Oración con la Palabra

Te ruego que la gente te vea a ti, Señor, por medio de mí mientras me esfuerzo por andar en santidad por tu Espíritu Santo obrando en mí. Ayúdame a ser una pacificadora en todas mis relaciones.

❀ Oración clave

Señor, ¿me harías el favor de usarme para tocar con tu amor y vida a las personas en mi vida? Te pido relaciones pacíficas sin luchas o confusión. Dame la clase de amistad con otras mujeres que «el hierro afile al hierro», que «hablemos la verdad en amor», y que «tengamos comunión en el Espíritu».

Enfoque de la oración _____

📖 Pasaje bíblico de inspiración

_____
_____
_____
_____

Ⓖ Oración con la Palabra

_____
_____
_____
_____
_____
_____

Oración clave

_____
_____
_____
_____
_____
_____
_____
_____
_____
_____

Día 14

Esposo

☕ Enfoque de la oración: Palabras

📖 Pasaje bíblico de inspiración
Eviten toda conversación obscena. Por el contrario, que sus palabras contribuyan a la necesaria edificación y sean de bendición para quienes escuchan. (Efesios 4:29)

🌀 Oración con la Palabra
Señor, te ruego que todas las palabras que hable mi esposo sean de aliento, apropiadas, sinceras y que bendigan a las personas a su alrededor.

🌸 Oración clave
Gracias por el don de la comunicación. Revélale a mi esposo el poder que posee para dar vida con sus palabras. Ayúdale a entender cuánto me gusta escuchar lo que dice, y cómo sus palabras me afectan a mí y a nuestros hijos. Enséñale a guardar su lengua de palabras inapropiadas, mentiras, críticas, promesas rotas y palabras dichas con enojo. Que sus palabras fluyan de un corazón que ama tu Palabra.

☕ Enfoque de la oración _____

📖 Pasaje bíblico de inspiración

_____
_____
_____
_____

🌀 Oración con la Palabra

_____
_____
_____
_____
_____

🌸 Oración clave

_____
_____
_____
_____
_____
_____
_____
_____
_____
_____

Día 14

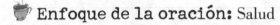

Enfoque de la oración: Salud

Pasaje bíblico de inspiración
Alaba, alma mía, al Señor, y no olvides ninguno de sus beneficios. Él perdona todos tus pecados y sana todas tus dolencias. (Salmo 103:2-3)

Oración con la Palabra
Te bendigo, Señor, con todo lo que hay dentro de mí. Ayuda a mis hijos a que nunca olviden todas sus bendiciones para con ellos, en especial el perdón de sus pecados. Gracias por la bendición agregada de tu poder para sanarlos. Clamo eso ahora para mis hijos.

Oración clave
Padre, te pido que les des buena salud a mis hijos. Fortalece sus sistemas inmunológicos. Líbralos de accidentes. Cubre con tu mano cualquier enfermedad que quiera aparecer en sus cuerpos. Gran Médico, si tú escoges sanarlos a través de la bendición de la medicina, guíanos a los médicos que escogiste para ellos y unge sus manos con el poder de tu toque.

Enfoque de la oración _____

📖 Pasaje bíblico de inspiración

_____
_____
_____
_____

Oración con la Palabra

_____
_____
_____
_____
_____
_____

Oración clave

_____
_____
_____
_____
_____
_____
_____
_____

Día 14
Influencias personales

☕ **Enfoque de la oración:** Compañeros de trabajo

📖 **Pasaje bíblico de inspiración**
Con tus buenas obras, dales tú mismo el ejemplo en todo. Cuando enseñes, hazlo con integridad y seriedad. (Tito 2:7)

🌀 **Oración con la Palabra**
Permite que mi esposo (y yo) sea un ejemplo para sus (o mis) compañeros de trabajo. Que vean el carácter de Jesús en todo lo que hacemos.

🌸 **Oración clave**
Que mi esposo (y yo) atraiga a sus compañeros de trabajo a ti. Que nos observen y deseen conocerte de forma personal. Bendice sus familias y dales un nuevo gozo en sus trabajos. Que la paz reine en toda la compañía.

Largo alcance

☕ **Enfoque de la oración:** Jerusalén

📖 **Pasaje bíblico de inspiración**
Pidamos por la paz de Jerusalén: Que vivan en paz los que te aman. (Salmo 122:6)

🌀 **Oración con la Palabra**
Querido Dios, amamos a Jerusalén y pedimos paz para tu ciudad santa.

🌸 **Oración clave**
Padre, pedimos que la paz reine en el Oriente Medio y en particular en toda la ciudad de Jerusalén. Hasta tu regreso, detén la matanza y el terrorismo que sufren tus hijos.

Enfoque de la oración _____

📖 Pasaje bíblico de inspiración
_____
_____

Oración con la Palabra
_____
_____

Oración clave
_____
_____
_____

Enfoque de la oración _____

📖 Pasaje bíblico de inspiración
_____
_____

Oración con la Palabra
_____
_____

Oración clave
_____
_____
_____

Día 15

Alabanza

 Enfoque de la oración: Paz

 Pasaje bíblico de inspiración
La paz les dejo; mi paz les doy. Yo no se la doy a ustedes como la da el mundo. No se angustien ni se acobarden. (Juan 14:27)

Oración con la Palabra
Señor Jesús, antes de ascender a tu Padre, prometiste dejar tu paz con nosotros. Tú me has dado paz. No la paz transitoria que ofrece el mundo, sino una paz duradera. Ayúdame a no estar ansiosa ni temerosa.

 Oración clave
Gracias por la paz que sobrepasa todo entendimiento. Te alabo por la calma sobrenatural que me rodea, aun en medio de las tormentas y el furor a mi alrededor. Dile a mi corazón: «La paz sea contigo», cuando comienzo a inquietarme en la conmoción. Tú eres mi Príncipe de paz y en ti confiaré.

☕ Enfoque de la oración _____

📖 Pasaje bíblico de inspiración

_____
_____
_____
_____

🌀 Oración con la Palabra

_____
_____
_____
_____
_____
_____

🌸 Oración clave

_____
_____
_____
_____
_____
_____
_____
_____
_____

Día 15

Interés personal

☕ Enfoque de la oración: Dieta

📖 Pasaje bíblico de inspiración
Ya sea que coman o beban o hagan cualquier otra cosa, háganlo todo para la gloria de Dios. (1 Corintios 10:31)

🌀 Oración con la Palabra
Permite que todo lo que coma o beba, y cualquier otra cosa que haga, sea un buen testimonio de ti.

🌸 Oración clave
Sé que mi cuerpo es templo del Espíritu Santo. Quiero mantener tu morada fuerte, hermosa y cómoda. Ayúdame a dejar de preocuparme de cómo se ve la parte exterior de tu morada más de cómo es por dentro, donde vives tú. Dame la autodisciplina para comer alimentos que mantengan mi cuerpo en buena forma y que dure mucho.

Enfoque de la oración _____

Pasaje bíblico de inspiración

_____
_____
_____
_____

Oración con la Palabra

_____
_____
_____
_____

Oración clave

_____
_____
_____
_____
_____
_____
_____
_____
_____
_____

Día 15

Esposo

 Enfoque de la oración: Líder

 Pasaje bíblico de inspiración
Debe gobernar bien su casa y hacer que sus hijos le obedezcan con el debido respeto; porque el que no sabe gobernar su propia familia, ¿cómo podrá cuidar de la iglesia de Dios? (1 Timoteo 3:4-5)

Oración con la Palabra
Unge a mi esposo a fin de que sea capaz de dirigir bien a nuestra familia. Debido a que es un siervo en una posición de liderazgo, que logre experimentar obediencia de parte de nuestros hijos. Expande su influencia a nuestra iglesia y dale tu corazón para todas las personas que dirige en cada esfera de su vida.

 Oración clave
Querido Dios, levanta a mi esposo para que sea un comandante fuerte en tu ejército. Que pueda caminar en tu autoridad dondequiera que pise la suela de su zapato. Dale el corazón de un siervo y el valor de un líder.

Enfoque de la oración

Pasaje bíblico de inspiración

Oración con la Palabra

Oración clave

Día 15

Hijos

☕ Enfoque de la oración: Dones y llamamiento

📖 Pasaje bíblico de inspiración
Teniendo dones que difieren, según la gracia que nos ha sido dada, usémoslos. (Romanos 12:6, LBLA)

🌀 Oración con la Palabra
Señor, gracias porque nos das dones diferentes a cada uno de nosotros dentro de tu cuerpo. Permite que mis hijos sean diligentes al usar los dones, que con tanta gracia les has dado para glorificarte.

🌸 Oración clave
Padre celestial, te pido que a una temprana edad les reveles a mis hijos los dones que les has dado, y el llamado y el propósito para los cuales los creaste. Ayúdalos a no mirar en otras direcciones para que no pierdan tiempo yendo por senderos que al final no serán ni de bendición ni de utilidad para tu reino. Que mis hijos aprecien los dones y que disfruten el llamamiento que tienes para ellos, y que nunca envidien los dones ni el llamamiento de otras personas.

Enfoque de la oración _____

Pasaje bíblico de inspiración

_____
_____
_____
_____

Oración con la Palabra

_____
_____
_____
_____
_____
_____

Oración clave

_____
_____
_____
_____
_____
_____
_____
_____
_____

Día 15

Influencias personales

Enfoque de la oración: Vecinos

Pasaje bíblico de inspiración
Más vale vecino cercano que hermano distante. (Proverbios 27:10)

Oración con la Palabra
Gracias por el don de vecinos cercanos. Permite que nuestro vecindario sea como una familia a medida que tratamos de servirnos los unos a los otros.

Oración clave
Haz que tu Espíritu reine sobre nuestro vecindario y que tu luz brille de casa en casa. Coloca ángeles sobre nuestras casas y nuestras familias para que las guarden, y usa mis manos para tocar a nuestros vecinos con tu amor.

Largo alcance

Enfoque de la oración: Los pobres y los indefensos

Pasaje bíblico de inspiración
Defiendan la causa del huérfano y del desvalido; al pobre y al oprimido háganles justicia. (Salmo 82:3)

Oración con la Palabra
Señor, te ruego por los que viven en pobreza y por los huérfanos. Ayúdanos a alcanzar a los que están en necesidad.

Oración clave
Padre, tú ves todos los corazones quebrantados del mundo. Alcánzalos con tu tierna misericordia y permite que cada uno sienta tu amor y el plan que tienes para sus vidas.

☕ Enfoque de la oración _____

📖 Pasaje bíblico de inspiración
_____
_____

🌀 Oración con la Palabra
_____
_____

🌸 Oración clave
_____
_____
_____

☕ Enfoque de la oración _____

📖 Pasaje bíblico de inspiración
_____
_____

🌀 Oración con la Palabra
_____
_____

🌸 Oración clave
_____
_____
_____

Día 16

Alabanza

Enfoque de la oración: Consolador

Pasaje bíblico de inspiración
Y yo le pediré al Padre, y él les dará otro Consolador para que los acompañe siempre. (Juan 14:16)

Oración con la Palabra
Querido Padre, gracias por darme el Consolador. Sé que por todo lo que pase, Él siempre estará a mi lado, incluso dentro de mí.

Oración clave
Gracias por preocuparte tanto por mis sentimientos que enviaste en forma específica al Consolador para envolver tus brazos alrededor de mí cuando estoy triste, desilusionada o tengo miedo. Estoy agradecida por tu presencia que me rodea, me consuela y me cubre.

☕ Enfoque de la oración _____

📖 Pasaje bíblico de inspiración

_____
_____
_____

🌀 Oración con la Palabra

_____
_____
_____
_____
_____

🌸 Oración clave

_____
_____
_____
_____
_____
_____
_____
_____

Día 16

Interés personal

☕ **Enfoque de la oración:** Ejercicio

📖 **Pasaje bíblico de inspiración**
Vivo con mucha disciplina y trato de dominarme a mí mismo.
(1 Corintios 9:27, TLA).

🌀 **Oración con la Palabra**
Dame la fortaleza para someter mi carne al control de tu Espíritu Santo.

🌸 **Oración clave**
Ayúdame a cuidar este vaso terrenal que tú has decidido llenar y por medio del cual muestras tu excelente poder. Fortaléceme a fin de poner dentro de mis prioridades hacer ejercicio todos los días, a fin de mantener fuertes mi corazón y el cuerpo. Permíteme sentir el estímulo que viene del ejercicio, y que eleve mi espíritu, aclare mi mente y aumente mi energía para las tareas que me has dado.

☕ Enfoque de la oración

📖 Pasaje bíblico de inspiración

_____
_____
_____

🌀 Oración con la Palabra

_____
_____
_____
_____
_____

🌼 Oración clave

_____
_____
_____
_____
_____
_____
_____
_____

Día 16

Esposo

☕ Enfoque de la oración: Dominio propio

📖 Pasaje bíblico de inspiración
Como ciudad sin defensa y sin murallas es quien no sabe dominarse. (Proverbios 25:28)

🌀 Oración con la Palabra
Querido Señor, guarda y protege a mi esposo al fortalecerlo con dominio propio.

❀ Oración clave
Dale a mi esposo la capacidad para andar en el espíritu y no en la carne. Guárdalo de arranques de ira, indulgencias pecaminosas, impulsos necios, adicciones dañinas y palabras imprudentes. Muéstrale el poder que hay en un hombre que ha aprendido a clamar a Dios en tiempos de debilidad. Cuando tropieza, permite que se arrepienta de inmediato y extienda su mano para tomar la tuya a fin de ponerse de pie otra vez.

☕ Enfoque de la oración _____

📖 Pasaje bíblico de inspiración

_____
_____
_____

🌀 Oración con la Palabra

_____
_____
_____
_____
_____

🌼 Oración clave

_____
_____
_____
_____
_____
_____
_____
_____
_____

Día 16

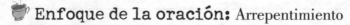
Hijos

Enfoque de la oración: Arrepentimiento

Pasaje bíblico de inspiración
Quien encubre su pecado jamás prospera; quien lo confiesa y lo deja, halla perdón. (Proverbios 28:13)

Oración con la Palabra
Enséñales a mis hijos la sabiduría y la libertad que hay en confesar sus pecados, y el poder disponible para alejarse de ellos. Que puedan confiar en tu misericordia y que no sientan la tentación de ocultar sus pecados, lo cual lleva a la destrucción.

Oración clave
Una de las cosas más importantes que quiero pedir para mis hijos es que conozcan y amen la misericordia. Revélales tu amor por ellos de una forma tan completa que confiesen enseguida sus pecados y se arrepientan porque no pueden resistir ni un segundo separados de ti. Que se acerquen al trono de la gracia con valentía para recibir fortaleza y no pecar de nuevo.

Enfoque de la oración _____

Pasaje bíblico de inspiración

_____
_____
_____
_____

Oración con la Palabra

_____
_____
_____
_____
_____
_____

Oración clave

_____
_____
_____
_____
_____
_____
_____
_____
_____
_____

Día 16

Influencias personales

Enfoque de la oración: Amigos inconversos

Pasaje bíblico de inspiración
Nadie puede venir a mí si no lo atrae el Padre que me envió.
(Juan 6:44)

Oración con la Palabra
Querido Padre celestial, te pido que atraigas a una relación personal contigo por medio de tu Espíritu Santo a _____.

Oración clave
Por favor, trae a personas a mi vida que no te conocen a fin de que tenga el privilegio de testificarles de ti por medio de mi vida. Dame oportunidades, palabras y el valor para hablarles de tu plan de salvación, perdón y esperanza para sus vidas.

Largo alcance

Enfoque de la oración: Crimen y terrorismo

Pasaje bíblico de inspiración
No temerás ningún desastre repentino, ni la desgracia que sobreviene a los impíos. Porque el Señor estará siempre a tu lado.
(Proverbios 3:25-26)

Oración con la Palabra
Gracias por tu protección y por tu promesa de guardarnos del mal y de los planes de los malvados.

Oración clave
Clamamos a ti, Dios Todopoderoso, para que seas nuestro defensor, nuestro refugio y nuestra torre fuerte. Correremos a ti y estaremos a salvo.

☕ Enfoque de la oración _____

📖 Pasaje bíblico de inspiración

_____
_____

🌀 Oración con la Palabra

_____
_____

🌸 Oración clave

_____
_____
_____

☕ Enfoque de la oración _____

📖 Pasaje bíblico de inspiración

_____
_____

🌀 Oración con la Palabra

_____
_____

🌸 Oración clave

_____
_____
_____

Día 17

Alabanza

☕ **Enfoque de la oración:** La sangre de Cristo

📖 **Pasaje bíblico de inspiración**
Pero ahora en Cristo Jesús, a ustedes que antes estaban lejos, Dios los ha acercado mediante la sangre de Cristo. (Efesios 2:13)

🌀 **Oración con la Palabra**
Jesucristo, a pesar de que estaba tan lejos, ahora me atrajiste a ti debido a la sangre que vertiste en la cruz por mí.

🌸 **Oración clave**
Oh, la sangre de Cristo, ¡que limpia de todo mal! Te alabo, dulce Cordero de Dios, por el perdón, la limpieza y el poder que hay en tu sangre. Gracias porque por ella puedo entrar al Lugar Santísimo y cambiar en la presencia de Dios.

☕ Enfoque de la oración _____

📖 Pasaje bíblico de inspiración

_____
_____
_____
_____

🌀 Oración con la Palabra

_____
_____
_____
_____
_____
_____

🌸 Oración clave

_____
_____
_____
_____
_____
_____
_____
_____
_____
_____

Día 17

Interés personal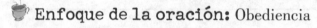

☕ Enfoque de la oración: Obediencia

📖 Pasaje bíblico de inspiración
Si ustedes me aman, obedecerán mis mandamientos. (Juan 14:15)

🌀 Oración con la Palabra
Te amo; ayúdame a obedecerte.

🌸 Oración clave
Confío en ti, Señor, y sé que cualquier cosa que requieras de mí es para mi bien. Decido obedecerte a ti antes que a mí o de seguir lo que otros piensan que debo hacer. Sé que hay seguridad, protección y bendición cuando sigo tus mandamientos. Ayúdame a ser cada vez más presta a obedecerte y a mostrarte mi profundo amor.

☕ Enfoque de la oración _____

📖 Pasaje bíblico de inspiración

_____
_____
_____
_____

🌀 Oración con la Palabra

_____
_____
_____
_____
_____
_____

🌸 Oración clave

_____
_____
_____
_____
_____
_____
_____
_____
_____

Día 17

Esposo
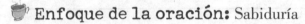

☕ Enfoque de la oración: Sabiduría

📖 Pasaje bíblico de inspiración
Oirá el sabio, y aumentará el saber, y el entendido adquirirá consejo. (Proverbios 1:5, RV-60)

☉ Oración con la Palabra
Enséñale a mi esposo a buscar el consejo sabio, a escucharlo, entenderlo y a edificarse con él.

❀ Oración clave
Tú eres el Consejero admirable. Permite que mi esposo siempre vaya primero a ti cuando busca sabiduría. También rodéalo de amigos piadosos y modelos a imitar que hablen la verdad en amor. Pon en su corazón un deseo insaciable por sabiduría que lo mantenga buscándote sin cesar. Gracias por tu promesa de darle sabiduría a todo el que la pide. Alienta a mi esposo a ser una persona que busca y pide.

Enfoque de la oración

Pasaje bíblico de inspiración

_____
_____
_____
_____

Oración con la Palabra

_____
_____
_____
_____
_____

Oración clave

_____
_____
_____
_____
_____
_____
_____
_____
_____
_____

Día 17

Hijos

 Enfoque de la oración: Amigos

 Pasaje bíblico de inspiración
El que con sabios anda, sabio se vuelve; el que con necios se junta, saldrá mal parado. (Proverbios 13:20)

Oración con la Palabra
Muéstrales a mis hijos la sabiduría de caminar con personas que te temen y te respetan. Ayúdales a ver que aunque caminen en rectitud, todavía pueden sufrir el daño colateral por andar con necios.

 Oración clave
Soy consciente de lo importante que pueden ser los amigos de mis hijos en sus vidas. Con sinceridad voy ante ti y te pido que escojas los amigos que tendrán mis hijos en cada etapa de sus vidas. Tomo la autoridad que me has dado como madre para dibujar una línea de sangre a su alrededor a fin de protegerlos de influencias pecaminosas. Dale amistades leales, amables, sabias y piadosas que madurarán en su interior a medida que se hacen adultos.

Enfoque de la oración _____

Pasaje bíblico de inspiración

_____
_____
_____
_____

Oración con la Palabra

_____
_____
_____
_____
_____
_____

Oración clave

_____
_____
_____
_____
_____
_____
_____
_____
_____

Día 17

Influencias personales

Enfoque de la oración: Amigos enfermos

Pasaje bíblico de inspiración
¿Está enfermo alguno de ustedes? Haga llamar a los ancianos de la iglesia para que oren por él y lo unjan con aceite en el nombre del Señor. (Santiago 5:14)

Oración con la Palabra
Señor, levanto ante ti a _____ y te pido que le toques por medio de tu Espíritu Santo y que traigas sanidad en el nombre de Jesús.

Oración clave
Dame la fe para creer tus promesas de sanidad por mis amistades que luchan con enfermedades. Si decides responder de otra forma que no sea la sanidad sobrenatural, recuérdanos confiar en tu amor y soberanía.

Largo alcance

Enfoque de la oración: Guerreros de oración

Pasaje bíblico de inspiración
Yo he buscado entre ellos a alguien que se interponga entre mi pueblo y yo, y saque la cara por él para que yo no lo destruya. ¡Y no lo he hallado! (Ezequiel 22:30)

Oración con la Palabra
Levanta a hombre y mujeres de oración que construyan una pared de protección y que se paren delante de ti a favor de nuestra nación.

Oración clave
Alienta a los que permanecen contigo en oración. Edifica su fe, llénalos con tu Espíritu y dales una nueva visión.

Enfoque de la oración _____

Pasaje bíblico de inspiración

_____
_____

Oración con la Palabra

_____
_____

Oración clave

_____
_____

Enfoque de la oración _____

Pasaje bíblico de inspiración

_____
_____

Oración con la Palabra

_____
_____

Oración clave

_____
_____
_____

Día 18

Alabanza

Enfoque de la oración: Poder

Pasaje bíblico de inspiración
¡Ah, SEÑOR mi Dios! Tú, con tu gran fuerza y tu brazo poderoso, has hecho los cielos y la tierra. Para ti no hay nada imposible. (Jeremías 32:17)

Oración con la Palabra
¡Estoy hablando con el Señor! Con el que hizo los cielos y la tierra solo mediante su gran fuerza y su brazo poderoso. ¡Nada de lo que te lleve en oración está más allá de tu capacidad de respuesta!

Oración clave
Me inclino ante de ti, consciente de mi pequeñez a la luz de tu grandeza. Tú eres maravilloso, poderoso y capaz de crear mundos con una palabra. Te adoro, oh Dios poderoso. Eres exaltado hasta lo sumo, y es un privilegio ofrecer mi sencilla alabanza.

Enfoque de la oración

Pasaje bíblico de inspiración

Oración con la Palabra

Oración clave

Día 18

Interés personal

☕ Enfoque de la oración: La voluntad de Dios

📖 Pasaje bíblico de inspiración
Ya sea que te desvíes a la derecha o a la izquierda, tus oídos percibirán a tus espaldas una voz que te dirá: «Este es el camino; síguelo» (Isaías 30:21)

Oración con la Palabra
Abre mis oídos a fin de que pueda escuchar tus instrucciones sobre qué camino debo seguir de modo que encuentre el centro de tu voluntad para mi vida.

Oración clave
Tú eres mi Señor y someto mi voluntad a tu voluntad. Sé que solo cuando permanezco en tus planes para mi vida, encontraré el gozo y la satisfacción de descubrir todo para lo que me creaste. Ayúdame a discernir y a buscar tu voluntad cuando no sepa a cuál camino volverme.

☕ Enfoque de la oración

📖 Pasaje bíblico de inspiración

_____
_____
_____
_____

🌀 Oración con la Palabra

_____
_____
_____
_____
_____

🌸 Oración clave

_____
_____
_____
_____
_____
_____
_____
_____
_____

Día 18

Esposo

Enfoque de la oración: Paz

Pasaje bíblico de inspiración

Así que no temas, porque yo estoy contigo; no te angusties, porque yo soy tu Dios. Te fortaleceré y te ayudaré; te sostendré con mi diestra victoriosa. (Isaías 41:10)

Oración con la Palabra

Dale paz a mi esposo y una firme seguridad de que tú lo fortalecerás y lo ayudarás. Recuérdale que no se preocupe ni tenga temor porque tú no solo eres Dios, sino que eres su Dios, y lo sostendrás cuando se apoye en ti.

Oración clave

Quítale a mi esposo cualquier ansiedad que tenga. Recuérdale de nuevo tu maravilloso poder y amor. Enséñale a poner sus cargas en ti a fin de que no se sienta estresado bajo el peso de sus responsabilidades. Dale buen sueño y la seguridad de que aunque tal vez no vea cómo van a resultar todas las cosas, tú tienes todo bajo control.

☕ Enfoque de la oración

📖 Pasaje bíblico de inspiración

_____
_____
_____
_____

🌀 Oración con la Palabra

_____
_____
_____
_____
_____

🌸 Oración clave

_____
_____
_____
_____
_____
_____
_____
_____
_____

Día 18

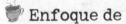
Hijos

Enfoque de la oración: Diligencia

Pasaje bíblico de inspiración
Los pensamientos del diligente ciertamente tienden a la abundancia; mas todo el que se apresura alocadamente, de cierto va a la pobreza. (Proverbios 21:5, RV-60)

Oración con la Palabra
Instruye a mis hijos sobre cómo planear con antelación y a trabajar con diligencia de modo que logren disfrutar la abundancia con la que tú deseas colmarlos. Ayúdalos a que no se apresuren a fin de ir tras la excelencia, de modo que no se priven de tus bendiciones.

Oración clave
Coloca en mis hijos una fuerte ética de trabajo. Dales un orgullo sano en su trabajo. Lo que sea que sus manos encuentran para hacer, que lo hagan con todo su poder como una ofrenda a ti. Debido a su diligencia y excelencia, que se eleven a la cumbre en cualquier situación en que los hayas colocado. Ayúdalos a terminar los proyectos y a preocuparse por los detalles, aun si el único que los ve eres tú.

Enfoque de la oración

Pasaje bíblico de inspiración

Oración con la Palabra

Oración clave

Día 18

Influencias personales

Enfoque de la oración: Peticiones de oración

Pasaje bíblico de inspiración
Pidan, y se les dará; busquen, y encontrarán; llamen, y se les abrirá. (Mateo 7:7)

Oración con la Palabra
Querido Señor, estoy tocando a la puerta del cielo, buscándote y pidiéndote que respondas las siguientes peticiones: _____

Oración clave
Gracias por no ser tan grande como para que no te importen todas las necesidades, ni ser tan pequeño que no puedas responderlas todas. Te presento estas peticiones de oración y te doy gracias con antelación por contestarlas.

Largo alcance

Enfoque de la oración: Las naciones

Pasaje bíblico de inspiración
«Quédense quietos, reconozcan que yo soy Dios. ¡Yo seré exaltado entre las naciones! ¡Yo seré enaltecido en la tierra!» (Salmo 46:10)

Oración con la Palabra
Tú eres Dios, y no hay nadie aparte de ti. Sé exaltado de modo que te adoren todas las naciones.

Oración clave
Dios Todopoderoso, derrama tu gracia, protección y provisión en los hogares y las familias de cada persona en este planeta. Que te adoren a ti como su Señor y Creador.

☕ Enfoque de la oración _____

📖 Pasaje bíblico de inspiración

_____
_____

🌀 Oración con la Palabra

_____
_____

🌸 Oración clave

_____
_____

☕ Enfoque de la oración _____

📖 Pasaje bíblico de inspiración

_____
_____

🌀 Oración con la Palabra

_____
_____

🌸 Oración clave

_____
_____
_____

Día 19

Alabanza

Enfoque de la oración: Esperanza

Pasaje bíblico de inspiración

Que el Dios de la esperanza los llene de toda alegría y paz a ustedes que creen en él, para que rebosen de esperanza por el poder del Espíritu Santo. (Romanos 15:13)

Oración con la Palabra

Querido Dios de esperanza, por favor, lléname por completo de alegría y paz. Ayúdame a creer, a fin de que por el poder del Espíritu Santo pueda crecer y estar aun más llena de esperanza.

Oración clave

Mi esperanza está en ti, Señor. Aun cuando he perdido la esperanza en las cosas y la gente de este mundo, nunca estoy sin esperanza porque jamás estoy sin ti. Gracias por los planes que tienes para mí de darme un futuro y una esperanza. Esperaré con ansias el cumplimiento de tu promesa.

Enfoque de la oración _____

Pasaje bíblico de inspiración

_____
_____
_____

Oración con la Palabra

_____
_____
_____
_____

Oración clave

_____
_____
_____
_____
_____
_____
_____
_____

Día 19

Interés personal

Enfoque de la oración: Tentación

Pasaje bíblico de inspiración

Cada uno es tentado cuando sus propios malos deseos lo arrastran y seducen. Luego, cuando el deseo ha concebido, engendra el pecado; y el pecado, una vez que ha sido consumado, da a luz la muerte. (Santiago 1:14-15)

Oración con la Palabra

Señor, ayúdame a fijar mis ojos y mi corazón en ti y en tu Palabra para estar tan arraigada en la verdad que mis deseos egoístas y las mentiras del enemigo no me arrastren con facilidad. Condena mis pensamientos impíos antes de que tengan la oportunidad de convertirse en pecados, lo que solo traerían muerte a los planes buenos y piadosos que tienes para mi vida.

Oración clave

Sé que la tentación no es pecado, pero quiero confesarlas y traer mis tentaciones a tu luz santa, porque me doy cuenta de que con facilidad se pueden convertir en pecados si las dejo en la oscuridad. Por favor, no me dejes caer en tentación y líbrame del maligno. Quiero hacer tu voluntad, pero necesito tu fuerza cuando soy débil. Gracias por tu amor incondicional.

☕ Enfoque de la oración

📖 Pasaje bíblico de inspiración

🌀 Oración con la Palabra

🌸 Oración clave

Día 19

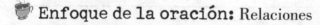
Esposo

Enfoque de la oración: Relaciones

Pasaje bíblico de inspiración
Preocupémonos los unos por los otros, a fin de estimularnos al amor y a las buenas obras. No dejemos de congregarnos, como acostumbran hacerlo algunos, sino animémonos unos a otros. (Hebreos 10:24, 25)

Oración con la Palabra
Renueva a mi esposo por medio de amistades piadosas. Recuérdale la importancia de reunirse en forma regular con otros creyentes para alentarse de forma mutua y servir a otros.

Oración clave
Fortalece las amistades en la vida de mi esposo que son ordenadas por ti. Te ruego por un vínculo especial entre mi esposo y todos los miembros de su familia. Trae perdón, sanidad y restauración a cualquier relación rota. Si hay alguna persona en la vida de mi esposo que lo está apartando de ti, te pido que cortes de inmediato esa relación. Dale amistades piadosas con hombres que lo alienten en su andar contigo.

Enfoque de la oración _____

Pasaje bíblico de inspiración

_____
_____
_____
_____

Oración con la Palabra

_____
_____
_____
_____
_____
_____

Oración clave

_____
_____
_____
_____
_____
_____
_____
_____
_____

Día 19

Hijos

Enfoque de la oración: Sabiduría

Pasaje bíblico de inspiración

La sabiduría vendrá a tu corazón, y el conocimiento te endulzará la vida. La discreción te cuidará, la inteligencia te protegerá. La sabiduría te librará del camino de los malvados.
(Proverbios 2:10-12)

Oración con la Palabra

Querido Señor, llena a mis hijos de tu sabiduría. Que experimenten gozo en la búsqueda de conocimiento. Dales buen discernimiento y sentido común para que se aparten de los caminos del maligno, y líbralos de la tentación.

Oración clave

Me encanta la definición que dice que la sabiduría es verdad sobrenatural vivida de forma práctica. Enséñales a mis hijos a aplicar la sabiduría en tu Palabra a cada situación en que se encuentren en la vida. Te pido que caminen en el conocimiento de que tú eres un Dios que puede hacer todas las cosas, y que se perjudicarían si te mantuvieran como un «Dios de los domingos». Ayúdame a prepararlos para que hagan un hábito el pedir sabiduría cada día, incluso un hábito que practiquen a cada momento.

Enfoque de la oración

📖 Pasaje bíblico de inspiración

_____
_____
_____
_____

Oración con la Palabra

_____
_____
_____
_____
_____
_____

Oración clave

_____
_____
_____
_____
_____
_____
_____
_____
_____
_____

Día 19

Influencias personales

Enfoque de la oración: Ministerios públicos

Pasaje bíblico de inspiración

Al único Dios, nuestro Salvador, que puede guardarlos para que no caigan, y establecerlos sin tacha y con gran alegría ante su gloriosa presencia, sea la gloria, la majestad, el dominio y la autoridad. (Judas 24-25)

Oración con la Palabra

Te pido que guardes de tropiezo a _____ (nombre del ministerio público). Líbralos del maligno y permite que muestren tu gloria aquí en la tierra y a la larga en el cielo.

Oración clave

En lo personal, he recibido bendición de este ministerio, y quiero ofrecerles algo a cambio. Así que elevo en oración a _____, y te pido que derrames los tesoros del cielo sobre ellos.

Largo alcance

Enfoque de la oración: Otras religiones

Pasaje bíblico de inspiración

—Yo soy el camino, la verdad y la vida —le contestó Jesús—. Nadie llega al Padre sino por mí. (Juan 14:6)

Oración con la Palabra

Abre los ojos de todo el mundo para que vean que el camino a la vida eterna con el Padre es a través de la verdad de Jesucristo.

Oración clave

Ten misericordia de otras religiones que buscan la reconciliación contigo por el rumbo equivocado. Envía tu Palabra y la revelación del Espíritu Santo para traerlos a la verdad.

Enfoque de la oración _____

Pasaje bíblico de inspiración
_____
_____

Oración con la Palabra
_____
_____

Oración clave
_____
_____
_____

Enfoque de la oración _____

Pasaje bíblico de inspiración
_____
_____

Oración con la Palabra
_____
_____

Oración clave
_____
_____
_____

Día 20

Alabanza

Enfoque de la oración: Segunda Venida

Pasaje bíblico de inspiración
Y si me voy y preparo un lugar para vosotros, vendré otra vez y os tomaré conmigo; para que donde yo estoy, allí estéis también vosotros. (Juan 14:3, LBLA)

Oración con la Palabra
Querido Jesús, aun ahora, estás preparando un lugar para mí. Ansío que regreses de nuevo y me lleves junto a ti. Anhelo estar contigo.

Oración clave
De todas maneras, ¡ven pronto, Señor Jesús! La promesa de tu seguro regreso es casi más de lo que puedo siquiera imaginar. Gracias porque este mundo no es todo de lo que se trata la vida. Estoy agradecida por el don de la vida, pero mucho más por el don de la vida eterna contigo. Ayúdame a prepararme para ti y a estar lista cuando vengas a llevarme como tu novia. Te amo.

Enfoque de la oración _____

Pasaje bíblico de inspiración

_____
_____
_____
_____

Oración con la Palabra

_____
_____
_____
_____
_____
_____

Oración clave

_____
_____
_____
_____
_____
_____
_____
_____
_____

Día 20

Interés personal

 Enfoque de la oración: Finanzas

 Pasaje bíblico de inspiración
Si no somos fieles en cuanto a las insignificantes riquezas de este mundo, ¿cómo podremos serlo en cuanto a las riquezas celestiales? (Lucas 16:11, LBD)

Oración con la Palabra
Quiero que logres confiar en mí con todo lo que nos has dado aquí en la tierra a fin de que puedas depender de mí en cuanto a las bendiciones valiosas de verdad que son eternas.

 Oración clave
En primer lugar, gracias por suplir todas nuestras necesidades. Mi corazón quiere tener un espíritu de gratitud antes que la tentación de enfocarme en desear cosas que no tengo. Provee todos los recursos que necesitamos para poder pagar las cuentas, y líbranos de la tentación de meternos en deudas. Dame discernimiento para ser sabia al gastar y creativa al ahorrar.

Enfoque de la oración _____

Pasaje bíblico de inspiración

_____
_____
_____
_____

Oración con la Palabra

_____
_____
_____
_____
_____

Oración clave

_____
_____
_____
_____
_____
_____
_____
_____
_____

Día 20

Esposo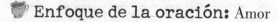

Enfoque de la oración: Amor

Pasaje bíblico de inspiración
Amarás al Señor tu Dios con todo tu corazón, y con toda tu alma, y con todas tus fuerzas, y con toda tu mente; y a tu prójimo como a ti mismo. (Lucas 10:27, RV-60)

Oración con la Palabra
Permite que mi esposo esté tan seguro de tu amor por él, que su corazón, alma, mente y fuerzas rebosen con amor hacia ti y hacia otros.

Oración clave
Gracias, Jesús, porque podemos amarte debido a que tú nos amaste primero. Abre el corazón de mi esposo para recibir la plenitud de ese amor y para deleitarse en él. Revélale una nueva faceta de tu hermosura cada día, en forma tan profunda que se enamore de ti una y otra vez. Enséñale a darles ese amor a otros.

☕ Enfoque de la oración _____

📖 Pasaje bíblico de inspiración

_____
_____
_____

🌀 Oración con la Palabra

_____
_____
_____
_____
_____

🌼 Oración clave

_____
_____
_____
_____
_____
_____
_____
_____
_____

Día 20

Hijos

Enfoque de la oración: Perdón

Pasaje bíblico de inspiración
El buen juicio hace al hombre paciente; su gloria es pasar por alto la ofensa. (Proverbios 19:11)

Oración con la Palabra
Ayuda a mis hijos a buscar sabiduría para no responder en el calor del momento. Que reflejen tu gloria y que pasen por alto las faltas de otros como tú no les has contado sus propios pecados.

Oración clave
Señor, te ruego que mis hijos caminen con libertad en tu perdón y que luego extiendan esa misericordia a otros que les rodean. Ayúdalos a ser prestos para perdonar a los que los han herido y libéralos de cualquier necesidad de pagarles el dolor causado. Ayuda a mis hijos a darse cuenta de que perdonar a alguien no hace que la otra persona tenga razón, sino que libera su corazón de cualquier amargura que pudiera echar raíces y ahogar su vida abundante.

Enfoque de la oración _____

Pasaje bíblico de inspiración
_____
_____
_____
_____

Oración con la Palabra
_____
_____
_____
_____
_____
_____

Oración clave
_____
_____
_____
_____
_____
_____
_____
_____
_____

Día 20

Influencias personales

☕ **Enfoque de la oración:** Autores o ministros preferidos

📖 **Pasaje bíblico de inspiración**
Pon en manos del Señor todas tus obras, y tus proyectos se cumplirán. (Proverbios 16:3)

🌀 **Oración con la Palabra**
Señor, recuérdale a mi autor (o ministro) preferido, _____ que entregue todos sus sueños y deseos a tu cuidado para que tus planes se cumplan para tu ministerio.

🌼 **Oración clave**
Te ruego que bendigas y multipliques el ministerio de _____ para que otras vidas reciban su huella. A medida que tú expandes su influencia, acerca a _____ a tu corazón.

Largo alcance

☕ **Enfoque de la oración:** El Cuerpo de Cristo

📖 **Pasaje bíblico de inspiración**
Nosotros, siendo muchos, formamos un solo cuerpo en Cristo, y cada miembro está unido a todos los demás. (Romanos 12:5)

🌀 **Oración con la Palabra**
Contigo como la Cabeza, te pido que nos unas como un cuerpo a fin de que logremos trabajar como equipo y revelar tu gloria.

🌼 **Oración clave**
Purifica y fortalece el cuerpo de Cristo para que camine en unidad y en gracia. Derriba muros y construye puentes entre nosotros. Enséñanos a edificarnos y a apoyarnos los unos a los otros.

Enfoque de la oración _____

Pasaje bíblico de inspiración
_____
_____

Oración con la Palabra
_____
_____

Oración clave
_____
_____
_____

Enfoque de la oración _____

Pasaje bíblico de inspiración
_____
_____

Oración con la Palabra
_____
_____

Oración clave
_____
_____
_____